文庫

禅ゴルフ

メンタル・ゲームをマスターする法

Dr.ジョセフ・ペアレント
塩谷紘 訳

筑摩書房

本著は、二人の恩人に謹んで捧げたい。

シャンバラの勇者の道の教えを西側世界に初めて伝え、人間の心の本質を教えてくれた活仏（いきぼとけ）、故チョギャム・トゥルンパ師と、シャンバラの勇者の生き方をゴルフと人生において実践する術を授けてくれた、師の愛弟子にして後継者であるヴァジラ（不滅）の評議員、オーセル・テンジン師へ。

文庫版刊行に寄せて

ちょうど一〇年前に発行され、アメリカとカナダでベストセラーになった小著"ZEN GOLF"の日本語版、『禅ゴルフ――メンタル・ゲームをマスターする法』が、今回文庫版として、再び日本の読者の皆さんの前にお目見えする機会を得たことを大変光栄に思っている。

小著で紹介するエピソード、哲学、そしてプレー中にゴルファーに求められる〝心と体の一体化〟を可能にするエクササイズは、いずれも禅的発想から生まれたものであり、禅は日本が育んだ伝統的思考だからである。

原著の発行当初、正直言って私は仏教哲学とゴルフのインストラクションを組み合わせたメンタル・トレーニングのレッスン本が、これほど読者の広い関心を呼ぶことを期待していなかった。だが、世界各地のゴルフ愛好者の思わぬ反響に、驚かされることになった。本著の刷り部数はこれまでに九カ国語で五〇万部を超え、目下、スウェーデン語、ノルウェー語、並びにスペイン語の各国語で刊行準備が進められている。

『禅ゴルフ』が世界各地のゴルファーの間で好評な理由は、より質の高いプレーに要求される心の鍛錬法及びエクササイズが、禅にヒントを得てはいても、誰にも理解できるように極めて平明に解説されているからではないかと思う。

国籍が異なる読者の間で特に評価が高い項目をいくつか挙げてみよう――「〝取り敢えずショット〟は禁物」（PART2、93ページ）、「深呼吸を忘れずに」（PART2、110ページ）、「パットはイメージで」（PART2、185ページ）、「プラス面を評価しよう」（PART2、247ページ）などである。

ご覧のとおり、これらの項目はいずれも、「PART2　〝PAR〟式戦略とは」に記されたもので、この章が特に役に立ったという読者が非常に多い。

ちなみに、ここで私が言う〝PAR〟とは、「準備」、「行動」、「結果への対応」を示す英単語の頭文字からなる造語であり、強くなりたいと願うあらゆるレベルのゴルファーにとって不可欠な三つの重要な要素だ。この戦略によって、正しい「パフォーマンス」と「フィードバック」、そして（日本ではしばしば〝改善〟と呼ばれる）「ゲームの質的向上」からなるサイクルが生まれるのだ。詳しくは本著をご覧頂きたい。

禅的思考はゴルファーにとって有用だが、剣道、弓道、柔道など日本の伝統的武道に励む者をも同じように益するのである。武道に勤《いそ》しむ者は、単に試合で最高のパフォーマンスをするために心を磨くのではない。彼らは、そのような鍛錬を通して豊かな人間性を育む手段として、それぞれの〝道〟に取り組んでいることを等しく承知しているのだ。私は、ゴルファーもぜひそうであってほしいと切に願うものである。

実は、筆者の執筆目的の一つは、ゴルフのメンタル・トレーニングの手引きとなると同時に、読む人の生涯の精神生活の糧になるような作品を書き上げることだった。刊行後の一〇年間で多くの国々の読者から寄せられた読後感を読むにつけても、私のこの目的はどうやら達成されたのではないか、とひそかに安堵している次第である。

多くの読者が、本著の教えを実践することによって、ゴルフが以前よりさらに楽しくなったし、仕事、人間関係、そして精神生活も充実するようになった、と書いてくれる。これこそ著者冥利に尽きること、と感謝している。日本の読者の皆さんにも、できれば同様な体験をして頂きたいと願っている。

グッド・ラック！

二〇一二年七月　カリフォルニア州オハイ、禅ゴルフ・インターナショナル本部にて

ジョセフ・ペアレント（心理学博士・USPGA公認メンタル・トレーナー）

追記

「現在というこの貴重な一瞬に心と体が一つになったとき、人間は生来の落ち着きと自信を取り戻す。〝禅ゴルフ〟的な心の鍛錬法の終極目的は、なにも、より優れたゴルファーになることではない。より良き人間――つまり、いかなる状況にあっても、自分にも他人にも、どこまでも公正で優しく、威厳を持って対峙できる人間――になることなのである」

謝辞

多くの人々が本著の誕生に寄与してくれた。なかでも、私の二人の先生には特にお世話になった。故チョギャム・トゥルンパ師とヴァジラ（不滅）の評議員オーセル・テンジン師（本名　トマス・リッチ二世）のお二方である。しかし、一緒に心と瞑想の研究を行なう機会を与えてくれた多くの偉大な熟練者たちに負うところも大きい。テンジン師の一番弟子でシャンバラの教えの修行と研究の面で兄弟弟子になったパトリック・スウィーニーに、改めて感謝したい。

ちなみに、シャンバラとは、はるか昔のチベットの奥地で栄えたといわれるシャンバラ王国（密教の伝説上の理想郷）を指す。この王国は、アーサー王とキャメロットの伝説に見られるのと同じように、啓発された人間社会のモデルとみなされ、住人たちはみな親切で思いやりがあり、勇気と誠実さにあふれ、自信と気品に満ちていたと言い伝えられてきた。人間のこうした資質は、キャメロットでは〝騎士道〟を通して示され、シャンバラの教えでは〝勇者の道〟で示されるが、この道を知ることはゴルフを愛するすべての人々にとって極めて有益だ、と私は信じている。

はじめからシャンバラの教えを信奉するゴルファーだったエド・ハンザリックは、インストラクターとしても尊敬を集めており、現在はカナダのノバスコシアに在住している。その彼と、体と心と感情がゴルフで果たす機能について語り合ったことが、私自身のコーチ業のきっかけになった。ずいぶん昔のことになる……。エド、何から何までありがとう。

また、シャンバラ・ゴルファー協会の創立委員各位にも、深甚な謝意を表したい。彼らはいずれも、われわれの指導者たちの感化と指導のもとで、シャンバラ・ゴルフの行動指針を実践している心優しい勇者のグループである。

生徒なくして先生は存在しないのとおなじように、選手なくしてコーチは存在しない。既成概念を進んで打ち破ってモノについて考え、自分たちのゲームの将来をわれわれのやり方に委ねてくれた多くのゴルファーに、私は深く感謝している。

以下に挙げるツアー選手たちに、特別の礼を述べたい。ブライアン・ウィルソン、ウィリー・ウッド、アレックス・キロズ、シェーン・バーナ、マイク・ミーハン、リサ・ハックニー、ラスティ・クラーク、ジャクソン・ブリッグマン、ランドリー・メイハン、マイク・スタンドリー、ジコン・ロリンズ、ジュノ・ロウデン、そしてアラン・マクドナルドの諸氏である。

ジャック・ニクラスとバーバラ夫人にも、特別の恩義を感じている。ジャックは無類のメンタル・ゲームを展開することによって私を感化してくれたし、バーバラの優雅さと思いやりは私に深い感銘を与えた。

フレッド・シューメーカーには、彼の友情と、理想的なコーチの模範であることを感謝したい。デイブ・ペルツ・ゴルフスクールのデイブ・リカルシとは、度重なる親密な会話を通してゴルフに関わる諸問題の核心を論じ合うことができた。マイケル・マーフィーは、彼が初めてシャンバラ王国について知らされるずっと以前からすでに抱いていた、大英帝国のゴルフの将来的ビジョンに敬意を表したい。それを聞いていて、私は思わず体が熱くなるのを感じたものだった。

ケイシー・ポールソンと、カリフォルニア州サンタ・バーバラのランチョ・サン・マルコス・ゴルフコースのスタッフの皆さん、あのように優れたコースの練習施設でコーチする私を、温かく迎えてくれてありがとう。

お礼を言わなければならない人々のリストは果てしないが、以下の皆さんにもこの場を借りてお礼を言わせていただきたい。エドワード・サンプソン、アーリーン・ドリウス、ジェフ・ヘリック、ミミ・リッチ、ブルース・スピアーズ、キャサリン・バターフィールド、ランディ・サンデー、アーブ・マーメルステイン夫妻、グレン・キャコール、サンディ・ソーンダーソン、そしてデービッド・ヨッセムは、シャンバラ・ゴルフを極めるための私の冒険のビジョンと規模を広げてくれた。オーハイ・バレー・ダーマ・センターを含むいくつかの瞑想センターで知り合ったその他多くの親しい仲間たちは、現状認識を正しく実行し、シャンバラの勇者の精神を具現化する手段としてゴルフを教えることを目的とする仕事を、支援し奨励してくれた。

版元のダブルデイ社の敏腕編集者、ジェイソン・カウフマンのビジョンと洞察力と指導性にも、感謝したい。また、私の著作権のエージェントを務めるアンジェラ・リナルディは、彼女自身が才能豊かな編集者であり、本著を種の段階から開花するまで、丹精をこめて育ててくれた。アンジェラ、君は最高だ。

原稿に目を通して意見を聞かせてくれた友人たちの貢献も貴重だった。なかでも、特に、私のアシスタントでゴルフ・スクールのコーディネーターを務めるスティーブ・ムーアと、仲間の作家でゴルフのパートナーでもあるケン・ジーガーは、今回の企画に没頭し、洞察力に満ちた数々の提案をしてくれた。

最後に、本著執筆に打ち込む私を励まし続けてくれた私の家族全員にも、謝意を表したい。なかでも、私をいつも温かく見守ってくれた母には、特別の敬意を表したいと思う。また、才能豊かな作家にして編集者である妹のナンシーは、本著の関わる調査から執筆までのあらゆる段階で貴重な手助けをしてくれた。ナンシー、君に手伝ってもらってどんなに嬉しかったかわかるだろうか。本当にありがとう。

目次

禅ゴルフ——メンタル・ゲームをマスターする法

はじめに

私はゴルフのコーチだが、スウィングの指導はしていない。私がゴルファーに教えるのは、コースにおける心のコントロールの仕方と、そのような心にプレーを委ねる方法である。私は、プレーに対する取組み方とコースにおける身の処し方について、これまでとはひと味違った考え方をゴルファーに説いている。つまり、〝禅ゴルフの道〟に基づくプレーの仕方を教えているのである。

私の言う禅の道とは、現在という瞬間に完全に没頭するなかで「(自分の置かれた立場と、あるべき姿を)正しく認識して行動すること」だ。そのような行動に付随する特性には、広い視野、無理せずに集中できる力、平静にして時間を超越した心境、自信、不安や疑念からの完全な脱却などが含まれる。面白いことに、これは完璧なプレーを演じた各種のスポーツのチャンピオンたちが、「ゾーンに入ってプレーできた」と表現する状態とまったく同じなのである。またこれは、あらゆるゴルファーが繰り返し感じたいと願う、ボールを完璧にとらえたときの感覚と、驚くほど似通っているのだ。

偉大なインストラクターだった故ハーベイ・ペニックは、かつてこう語った。「熟練したゴルファーは皆、最高のプレーをしているときは、瞑想を行なっているときとおおかた同じような精神状態にあることを認識しているし、それを必ずしもはっきりとは認識していない場合でも、少なくともそのように感じるものだ。人は、そのような状態になると緊張や雑念から完璧に解放され、一つのことに集中できる。これこそ、いいプレーにとって理想的な条件なのである」。

過去二〇年間で、クラブ、ボール、そしてスウィング分析のためのビデオを含む各種の道具や練習グッズは大幅に改良されたし、膨大な数のスウィング解説書や雑誌記事が巷に溢れている。しかしそれでも、アベレージ・ゴルファーのスコアは目を見張らせるほどにはよくならない。これは、なぜなのだろうか。

クラブの性能やスウィングに関する知識がどれほど進歩しても、コースに出たときに〝心でプレーする〟術を知らなければ、ゴルファー諸氏は自らの潜在能力の発揮を妨げる、共通の精神面の障壁にいやでも直面してしまう。自分のプレーの質に関する不安、さまざまな状況に対する感情的反応、そして集中力の欠如は、ゴルファーが自己の能力を最大限に発揮することを阻害する、重大な要因である。このような障壁を克服することがロースコアへの鍵だ。拙著『禅ゴルフ　メンタル・ゲームをマスターする法』の示すエピソードやレッスンは、どうすれば恐れと不安から解放され、自信を高めることができるかを検証したものだが、これはあらゆるゴルファーにとって必要なことなのである。

『禅ゴルフ』の原則は、仏教の伝統としての瞑想の実践と心理学、そしてさらに、私個人のゴルフに対するあくなき情熱の産物だ。私の瞑想の指導者の一人、オーセル・テンジン師は熱心なゴルファーで、ゴルフのコンペを生徒たちとのコミュニケーションの場として活用してきた。ラウンドが終わると、テンジン師はゴルフと瞑想、そして仏教の伝統に並ぶ「シャンバラの勇者の道」の教えを結ぶものについて、常に生徒たちに語るのだった。シャンバラの勇者の道は、恐れを知らないことと人間の魂の尊厳を重視するものであり、禅と密接な関係を持つ剣道や弓道のような武道の伝統における考え方によく似ている。

わが師の指導の下で体験できたことのお陰で、私はゴルフを別の視点から見ることができるようになった。この視点こそ、私のコーチ哲学と「禅ゴルフ」の教えの基盤をなすものである。

タイガー・ウッズはあるとき、ＡＢＣテレビのインタビューで次のように述べた。

「私の母は仏教の信者です。仏教では、悟りの境地を拓きたければ、瞑想と心で行なう自己改良によってそれを成就しなければなりません。（タイ人である）母は、そのことを私に伝承してくれたのです。その結果私は、あらゆる状況下で可能な限り冷静さを保ち、自分の心を最大の資産として使えるようになりました」。

ゴルフというメンタル・ゲームについて書かれた多くの著書や記事は、判で押したように、「現在という瞬間のことだけを考えてショットに集中し、雑念を捨て、（結果に関して）自分を責めてはならない」と説いている。拙著『禅ゴルフ』が特別なレッスン書だと言えるのは、これらのことを実際に行なう方法を具体的に示しているからである。それは、長い歳月を経て実効性が立証されてきた、瞑想による心配りと現状認識のテクニックと合わせて、思考と感情をコントロールし、体と心に安らぎを与え、集中力を高めると同時に、自分のゲームにとって有害な習慣を変えるためのエクササイズによって、可能になるのである。

仏教には、ある活動が実を結ぶためには、初めも、途中も、最後もよくなくてはならないという意味の言い習わしがある。長年プレーをし、練習し、ゴルフのメンタルな部分について多くの生徒を指導してきた私は、あらゆるショットにとっての理想的な始まりと途中と終わりの象徴として、三つの側面を考えるようになった。私はそれを、それぞれの段階を示す英語の言葉の頭文字を取って、ゴルフのインストラクションに対する「PAR式戦略による上達法（略して〝パー・アプローチ〟）」と呼んでいる。

PARとは、P（Preparation、つまり「準備」）、A（Action、「行動」）、そしてR（Response to results、「結果への対応」）のことである。これは、ゴルフ・スクールや企業の社内コンペの絡む指導計画や、ビギナーからPGAの選手に至るあらゆるレベルのゴルファーを指導する際に私が応用している、基本的な哲学なのである。

本著が記すとおり、「準備」を完璧にする鍵は、明晰な思考、やる気、そして落ち着きが握っている。それは、適切で安定した〝ルーティン〟（ショットに入る前にゴルファーが毎回決まって踏むべき手順）を身につけるために必要な要素である。次の「行動」については、これを実践するための理想的な精神状態は、自信に満ち、集中力が最大限に高まった中で、緊張がみごとにほぐれている状態だ。そうすれば、体と心は今という瞬間に協調して働く。その結果、心の中の雑音、つまり雑念や「過度な分析による身体麻痺」と呼ばれる現象に妨げられることなく、毎回、落ち着いてショットに取り組むことができるのである。

最後にくる「結果への対応」は、将来のプレーの質を向上させるような対応こそ最高である。本著で私は、「ショットを放った後のルーティン」を披露するつもりだが、これはユニークな考え方だと自負している。これは、ショットの結果を検証する独特の方法であり、これを採用することによって、ナイスショットでさらに自信をつけ、ミスショットからは前向きに何かを学ぶ術を身につけ、自信を持って次のショットに取り組めるわけである。

ゴルフ（あるいは、その他のあらゆる物事）において継続的に成功を収めるためには、「準備」、「行動」、「結果への対応」の要素は三つとも必要である。これらは、本著の教えの基本的な枠組みであり、正しく実践すれば、最高のプレーに欠かすことのできない構成分子である、集中力と沈着さと自信を身につけることができるようになる。

本著はさらに、現代心理学と、何世代にもわたって蓄積されてきた多くのゴルファーの体験や、禅やシャンバラの伝統が生んだ古代の英知を統合したユニークな視点を披露するものである。本著の目的は、フランス料理の手引きなどのような一貫した体系的なプログラムを紹介することではない。伝統ある禅に関わる多くのエピソードの中に含まれる優れた見識や、多数のＰＧＡのメンバーを含むゴルファー諸氏を実際にコーチする際に応用してきた教えを綴った比較的短い文章の数々を、一冊の著書にまとめることである。

『禅ゴルフ』のＰＡＲＴ1、「異なった視点でゴルフを見れば」は、自分のゲームを新しい観点から見るいくつもの方法を紹介している。たとえば、いつも「自分のゴルフのどこが悪いのだろうか」と自問するのは止めて、自分のゲームのどこが優れているのかという点に、焦点を当てるのである。

ＰＡＲＴ２はレッスンのセクションだが、ここでは、前述の〝パー・アプローチ〟のさまざまな段階に触れる。多くの章が、パッティングとショートゲームに焦点を絞っているが、それは、ボールをカップに入れるという目的に近付けば近付くほど、期待感と恐れは強くなる一方で、精神的障壁の源になるからである。

ゴルフという、この難攻不落のメンタル・ゲームをマスターするための礎となる注意力と、現状を正しく認識する能力はもちろん必要であり、このセクションではそれを身につける練習の手解きをしようと思う。本著で特に重要なことは、最小限の努力を払って、悪い習慣を速やかに変える強力なテクニックを身につける方法が示されているという点である。

本著の結びのセクションは「名誉を重んずるゲーム」と題してあるが、ここではゴルフというゲームが、勇者の刻印である威厳、自信、そして善良さを実践する機会を、どのような状況下でプレーヤーに与えることができるかという点を検証する。『禅ゴルフ』を通して、読者は自分の心を敵ではなく味方につけ、常に沈着さを保ち、精神面のミスを避け、苛々を抑え、プレーの安定性を増し、スコアを縮めるさまざまな方法を学び取るに違いないと確信するものである。

私の生徒の多くは、本著の説く方式は実は彼らの人生のゴルフ以外の部分にも、恩恵をもたらしていると感じている。本著を読むことによって、読者の皆さんの心の中にすでに宿っているのに自分では気付いていない無限の自信を、存分に活用できるようになっていただきたい。それによって、落ち着きとユーモアと謙虚さを持って自分のゲームの好不調に対処し、ゴルフ、そして人生というゲームを自分ばかりではなくてプレー仲間にとっても、これまでよりさらに報い多きものにしていただければ幸いである。

著者　ジョセフ・ペアレント（心理学者・ＰＧＡツアーインストラクター）

PART
1

異なった視点でゴルフを見れば

「自信とは、何者にも頼ることなく揺るぎない心境でいられる、絶対的な心理状態である。そこには、不安はまったく存在せず、不安の入り込む余地はいっさいない。この絶対的な自信は優しさを包含する。なぜなら、自信は恐怖と無縁だからだ。また、自信は人を勇敢にする。物事に立ち向かう活気を常にかき立ててくれるからだ。自信は喜びを生む。自分の心を信ずることによって、大いなるユーモアのセンスが生まれるからだ。つまり、このような自信こそ、人が威厳に満ちた、優雅で豊かな人生を生きることを可能にしてくれるのである」

——チョギャム・トゥルンパ師

自著『シャンバラ　勇者の聖なる道』より引用

茶碗を空にする

若者は禅に関して探し得る著書をすべて読破した。そして、偉大な禅師のことを聞いて、教えを乞うために面会を求めた。二人が座ると、若者は禅についてこれまでに読んで理解したことのすべてを師に伝え、禅の本質について、得意げにひとしきり蘊蓄を傾けた。

しばらくたつと、禅師はお茶にしようと言った。禅師が湯を沸かす間、若者は姿勢を正して座り、茶碗を差し出されると無言で深々と礼をした。禅師は若者の目の前の茶碗に茶を注ぎ始めた。茶碗が一杯になるまでなみなみと注ぎ、それでも止めずに注ぎ続けた。茶は茶碗の縁から溢れ、飯台の上にこぼれた。それでも、手を休めずに注ぎ続けたため、茶は飯台伝いに畳にこぼれ落ちた。ついに、若者は我慢できなくなって叫んだ。「先生、お茶を注ぐのをお止め下さい！　茶碗はもう一杯で、これ以上注ぐのは無理です」。

そこで禅師は手を休めて、若者にこう言ったのだった。

「お前の心は、この茶碗と同じようなもので、身勝手な意見や先入観で一杯である。最初に茶碗を空にしないで、何か学べるとでも思っているのか」

多くのゴルファーは、これまでにゴルフのスウィングに関しておびただしい数の著書を読んでいる。そして、自分のスウィングについてあまりにも多くのことを考えながらレッスンを受けにいくため、インストラクターが言うことを聞く耳が持てない。つまり彼らは、〝茶碗が一杯〟の状態でレッスンを受けに来るのである。

〝茶碗を空にして〟からレッスンを受けることは、知性を捨て去ってインストラクターの言うことに黙って従うことを意味するものではない。大切なのは、教わるものすべてに虚心坦懐に耳を傾け、それをしばらくの間試してみるまで判断を保留することだ。先生が言わんとすることを全力で理解しようと努め、先入観を捨ててそれを試す中で、それが果たして自分にとって有効かどうか判断すべきなのである。

一九六〇年代にアメリカ西海岸で禅学の普及に努めた偉大な禅師、鈴木俊隆老師は、次のように語っている。「初心者の心には、多くの可能性が宿る。しかし、熟練者の心にはそれはほとんどない」。初心者の心はオープンで、意欲的に学ぼうとする〝空の茶碗〟である。心が先入観念のないオープンな状態にあれば、人は探究心に満ち、周囲の出来事に正しく反応し、まっとうに対応できる。

取り組む対象が瞑想であろうと、ゴルフあるいはその他のものであろうと、われわれが体験することは、初めはすべて新鮮で啓発的である。何かを始めた当初は、それをすでに達成したという意識は誰も持たない。そのような状態なら、われわれは多くのことを学ぶことができる。しかし、しばらくすると新鮮さが失われてしまう場合がある。すでに何かを悟ったような気になって、やる気が失せることがある。つまり、心の〝茶碗〟が満たされ始め、何か新しいものを受け入れるスペースが少なくなってしまうのである。このような事態が発生しつつあることが察知できれば、仕切り直しをすることによって、改めて初心に戻ることができる。初心者の心を持ち続けるのは決して楽なことではない場合が多いが、それは有意義なことだ。初心でいれば、われわれはすべての人々やあらゆる出来事との出会いから、多くのことが学べるのである。

ベン・ホーガンは、正確無比のスウィングの持ち主で、ボールを打つことにかけては、おそらく史上最高のテクニシャンだったと言ってよかろう。しかし、そのホーガンは決して練習を厭わなかった。実は、彼は練習を楽しんだのだった。なぜならホーガンは、自分には常に、さらに学ばなければならないものがあると信じていたからだ。つまり彼は、常に初心を忘れなかったのである。

四種類の生徒がいる

「ゴルフは教わるものではなく、自ら学ぶものだ」とよく言われる。しかしこれは、レッスンを受ける必要なぞないという意味ではない。肝心なことは、インストラクターがどんなに優れていても、生徒自体の興味の範囲と努力の程度を上回る効果は期待できないという点だ。仏の道の学習プロセスを説くに当たって、仏教では前述の茶碗の隠喩が使われる。つまり、四つの茶碗がそれぞれ、異なったタイプの生徒を象徴するのだ。そして、高僧の教えを象徴するのが、茶碗に注がれる水である。

最初の茶碗は、伏せてある。これは、学習するためにインストラクターのところに来ているはずなのに、注意を払わない生徒のことである。本を読んでいて、同じような体験をしたことのある読者がいるかもしれない。目は最後まで活字を追っているのに、読み終わった段階でよく考えてみると、読書中に別のことを考えていたため、内容がまったく頭に入っていないのだ。茶碗が伏せてあると、それが起こる。どれだけ水を注いでも、茶碗の中はいつまでたっても空っぽなのである。

二つ目の茶碗は、きちんと上を向いて置いてあるが、底に穴が開いている。先生の言っていることは聞こえるが、たちまち全部忘れてしまう。内容をきちんと咀嚼し、消化し、深く胸に刻んでおくことができない。たとえば、ゴルフスクールに出席したあと帰宅して、友人に何を習って来たか尋ねられると、「ええと……実は、覚えていないんだ」と言わざるを得ない状態だ。これはつまり、習ったことが耳を素通りしてしまう典型的な症状だ。

三つ目の茶碗は、きちんと上を向いていて、底穴はない。だが、内側に汚れがこびりついている。だから、レッスンの澄んだ水が注がれても、汚れのせいですぐに濁ってしまう。これはつまり、インストラクターの言うことをねじ曲げ、自らの先入観に合うように解釈してしまうことを意味する。だから、新しいことは何も学べない。レッスンを受けるとき、インストラクターの言うことが本人の見解と合致しているとしたら、それはレッスンではなく、単なる「再確認」に過ぎない。つまり第三の茶碗は、自分の考え方と異なる新しいことはすべて、反発するか、無視するか、あるいはおろそかにする姿勢を象徴しているのである。

四つ目の茶碗は、生徒としてあるべき姿を象徴する。きちんと上を向いて置かれ、教わることをすべて受け止める姿勢である。この茶碗には穴はなく、教わったことはすべて保持される。汚れていないから、新しいことを進んで知ろうとする。だから、できるだけこの第四の茶碗のようになるように努めてほしいものである。

大半のゴルファーは、もっとうまくなりたいと思っていると打ち明ける。私がゴルフのメンタルな面をコーチしていることを知ると、彼らの多くは「私に欠けているのは、まさにその点なのです」などと、しおらしいことを言う。しかし、そういう人々のほとんどは、実はこの点について何かを習おうとする意思なぞ、みじんもないのである……まるで「伏せた茶碗」か何かのように。

ゴルフスクールの授業が終わって、実際にコースあるいは練習場に出る前に、私はときどき、一つひとつのショットについて特定の注意事項を忘れてはいけない、と生徒たちに注意する。だが、結果についてあとで聞いてみると、半数は注意事項などきれいさっぱり忘れている。つまり、茶碗の穴から水がもれてしまったのだ。

私は、次のレッスンに戻ってくる生徒たちに、前回宿題として出しておいた練習の成果について聞いてみることにしているが、うんざりさせられることが多い。伝えておいたことにまともに取り組んでくれる生徒は、ほとんど皆無なのだ。彼らの茶碗の中にはすでに何やらたくさんのものが入り込んでいて、私が教えたことと渾然と混ざり合っているわけである。

しかし、たまには「第四の茶碗」のような生徒が現れて、私を喜ばせてくれる。このような生徒は、宿題の意味を正しく把握し、その成果を生き生きと語るばかりか、それを自分のゲームのその他の面にも応用しようとする姿勢さえ見せるのである。

インストラクターを務めていてもっとも嬉しい体験は、生徒にこう言われることだ。「ちょっと待って下さい。先生がおっしゃることは、ゴルフだけではなくて、他のことにも通用する人生の真理なのですね」。

「箱の外」で考えよう

私のゴルフスクールでは、授業はしばしばここで紹介する〝九ドット・エクササイズ〟と呼ばれるドリルから始まる。

以下に示す九個のドットを、四本の直線で結べ。どの時点でも、鉛筆を紙から離すことは許されないが、描いた線を横切ってもいい。（解答は38ページ）

この〝九ドット・エクササイズ〟を完了するためには、九つの点によって描かれた

「箱」の概念を超えた思考が求められる。この箱の範囲内で問題を解決しなければならないと考えると、四本の直線で結べない点が少なくとも一つは残ってしまう。

解答は以下のとおり。

まず、最上段左のドットから始めて、(1)上段の三つのドットを結ぶ直線を描き、右のドットより三センチほど先まで延ばす。次に、(2)そこから中段右のドットと下段中央のドットを結ぶ斜線を引き、下段左のドットの約三センチ下まで延ばす。さらに、(3)そこから下段左と中段左のドットを経て上段左に達する垂直線を描く。そして最後に、(4)上段左のドットから斜線で中段中央のドットと下段右のドットを結べば、鉛筆を紙から離すことなく、四本の直線ですべてのドットが結べるのである。

つまり、このパズルを解くためには、想像上の「箱」の右角と底辺を越えた地点まで直線を引くことが求められるわけである。別の言い方をすれば、「**箱の外で考える**」ことが必要だということである。

このエクササイズの要点は、人は思い込みによって自縄自縛の状態に陥る可能性があることを示すことにある。もっと広い、あるいは異なった視点で物事を見詰めるようにすれば、われわれに与えられる選択肢は著しく増し、創造的に対応する能力ははるかに高まる。

タイガー・ウッズはあるとき、Qスクールのトーナメントで私の生徒と同じ組で回る友人を応援していた。難しいロングホールで、二人がどのようなアプローチをするつもりなのか、私とタイガーは話し合った。このホールのグリーンはコースの右側にあって、手前に何本か木が茂っており、2オンを狙ったプレーヤーの大半は木につかまっていた。2オン狙い以外の唯一の攻略法は、セカンド・ショットをグリーンから約九〇ヤード手前のフェアウェイにレイアップして、そこからサンドウェッジでピンを狙うように思えた。

だが、タイガーは別のやり方があると言った。自分なら二打目で果敢にグリーン左のラフを狙うと言うのである。そのラフはたいして深くなかったから、そこからショート・ピッチでオンすれば、タップ・イン・バーディーのチャンスがあると言うわけである。

大半のゴルファーは、フェアウェイの両端やグリーンに描かれた「箱」の内側でプレーしなければならないと思い込んでいて、あえてラフを狙うプレーヤーはごく少数に過ぎない。タイガーのように既成概念にとらわれない、このようなアプローチが生む可能性が理解できるということは、「箱の外で考える」能力の一例なのである。

自分にとってのパーを

〝パー〟とは、ハンディキャップの高いゴルファーが自分自身のために、愚かしくも設定した「箱」である、と言ってよかろう。この箱の外で考えれば、気分が楽になるし、スコアもよくなる。ゴルファーは無数にいるが、パーあるいはアンダーパーで回るのは、その一パーセント以下に過ぎない。つまり、パー以下のスコアは、最高に腕のよい連中以外のゴルファーにとっては、非常に非現実的な目標なのである。アベレージ・ゴルファーがスコアカードに記されたパーを目標にしてプレーしようとすれば、たちまち失敗の罠にはまり込んでしまう。

パーに関するもう一つの問題は、それがスコアカードやティグラウンドの標示に明記されていることだ。パーが最初に使われたころは、トーナメント当日のコース・コンディションの難易度によって、「今日のパー」として表示される数字は、常に変わっていた。たとえば、長くて狭いコースで強風と豪雨の中でトーナメントが催された場合などには、当日のパーは72ではなくて85に設定されるのが当たり前だったのである。

ところが、今日のスコアカードは天候に左右されない。雨が降り、風が吹き荒ぶ寒い日にホームコースでプレーして、風のない快晴の日と同じスコアで回れると思うだろうか。まず、無理だろう。では、トーナメントの準備のためにフェアウェイを狭め、ラフを延ばした場合はどうか。この場合も、答えは〝ノー〟だろう。だから、著しく異なる状況に関係なくスコアカードに印刷されているパーと自分のスコアを比べて、悲嘆にくれる必要などまったくないのである。

私は、自分がプレーするコースのパーを、自分なりに設定することをアベレージ・ゴルファーに勧めたい。つまり、自分のハンディキャップやコース・コンディションを基準にして、スコアカードに記されたパーを調整し、その日の「自分にとってのパー・プレー」を設定するのである。これからは、毎回ラウンドする前に、スコアカードに印刷された難しいホールのパーをすべて、自分用に書き替えるといいと思う。

自分のハンディキャップが許す範囲で、それぞれのパーに1を加える（悪天候の場合は、さらに1、2ホールの余裕を見る）。そうすれば、難しいパー4のホールはロングホールとして攻略できることになる。

このやり方だと、ハンディが18以上のゴルファーの場合、いくつかの難ホールではパーがスコアカードが示す数字より2ストローク増える。このような新しい考え方をすれば、これまでよりはるかに気楽に難ホールに取り組めるようになる。また、グリーンまで1打か2打余裕があることがわかっているから、ミスショットをしても落ち着いてリカバリーに取り組める。

このように観点を変えたプレー・テクニックを使えば、各ホールのあと、あるいはラウンド終了後の気分はこれまでと違って、爽快になる。たとえば、ハンディ20のゴルファーはコースでもっとも難しいパー4のホールを6で上がっても、「またダブルボギーか」と意気消沈しないで、「よし、パーで上がれた!」と思えるし、ラウンド終了後、「91だった」ではなく、「1アンダーパーで回った」と思えるのである。このラウンドで気をよくし、次のラウンドに自信を持たせてくれるのはどちらの取り組み方かは、言わなくてもおわかりだろう。

それでは自己満足に陥って進歩が妨げられる、と言う人たちもいるかもしれない。だが、私の経験では、このような取り組み方をすることによって、ゴルファーは実際に自分のゲームの質を高め、ハンディキャップを縮めることにより強い関心を抱くようになっていく。このようなやり方だと、自分用のパーを示す数字も次第に減っていく。スコアカードに記されたパーに近付こうとしても、自分自身のパーとの間に20ストロークもの隔たりがあると、それは達成不可能のように思える。しかし、途中でさまざまな恩恵に浴しながら少しずつゴールに近付いていくことは、はるかに達成可能なのである。

道を皮で覆うか

古代インドに、足裏の感覚が非常に鋭敏な王がいた。王は王国の道はでこぼこで石だらけなことが、いつも不満だった。そして王はついに、国中のすべての道を皮で覆わせることにした。そうすれば、いつどこへいっても皮のカーペットの上を歩けるから、足は痛くならないだろうと考えたわけである。

この一大プロジェクトの入札のため、王はインドで最高の皮職人たちを一堂に集めた。職人の一人が言った。「お引き受けすることは可能ですが、王様の懐がおそらく空になるほどお高くつくことでしょう」。「いや、私にやらせていただければ、その半分で国中の道を皮で覆わせていただきます」と別の職人。

そのとき、一人の老婆が王にこう告げた。「王様、私ならたったの一〇ルピーでお引き受けいたします。王様の左右のおみ足に小さな皮切れを結わえ付けさせていただくのです。そうすれば王様は、どこに行かれてもいつも皮の上を歩いておられることでしょう」。

物事が希望どおり運ばないと、人は不満をもらしがちである。ゴルファーの場合は、特にそうだ。「風が強い」、「今日は寒い」、「グリーンが硬過ぎる」、「ラフが深過ぎる」、「フェアウェイが狭過ぎる」、「駐車のスペースが足りない」等など……。

ジャック・ニクラスは、多くのトーナメントに出場したが、本当の競争相手はわずか数名しかいないと思ったと述懐している。ニクラスは、コース・コンディションについて不平をもらす選手を見ると、「この男、強敵にあらず……あの男も対象外」と考えて、一人ずつ度外視していった。だから、試合が始まるまでに、ニクラスが注意しなければならないプレーヤーの数はあまり多くなかったのである。

文句を言い、目の前の状況が希望どおりになってほしいと願うのは、無益なことだ。事実、そうすることによって、これから始まるプレーに集中できなくなってしまう。だから、不満を述べることは止め、全員が同じ状態でプレーしなければならないことを認識すべきだ。午前中ティオフした組が悪天候に見舞われ、午後にスタートした組が好天に恵まれる……あるいはその逆になる……のは、よくあることだ。ゴルフも人生も、一日単位で考えると、決して公平ではない。だが、長い目で考えれば、運不運は収支とんとんになるものだ。

さまざまなコース・コンディションに慣れてほしい。自分が遭遇するすべての状況に心身共に順応すること。つまり、"自分の足を皮切れで覆う"ことだ。そうすれば、道がどれだけ険しくても、楽に歩けるのである。

私の恩師の故オーセル・テンジン師は、生前、不平について生徒の一人に次のように諭している。「何ごとについても、決して不満を口にしてはならない……自分自身に対してすら」。

心の大きさは？

あなたの心はどれほど大きいのだろう。脳と同じサイズなのか。心には、形があるのだろうか。そして、心は体のどこか特定の場所にあるのだろうか。

老師が弟子に尋ねた。「お前の心はどこにあるのか?」

弟子が答えた。「ものを考えるとき、誰かが私の頭の中でものを言っているような気がします。ですから、私の心は頭の中にあるに違いありません」

老師は手招きして、側《そば》に来るように弟子に指示した。弟子が自分の前に立つと、老師はいきなり拳骨で弟子の足の親指を思い切り叩いて、こう尋ねた。

「さて、お前の心はどこにあると思うかな?」

足で感じることは、われわれは実際には心で感じている。だから、もしかしたらわれわれの心は、体の大きさなのかもしれない。ものを見るという体験を考えると、もしかしたらわれわれの心は、視野と同じ広さなのかもしれない。では、銀河系の果てにある一つの星を想像してほしいと言われたら、どうだろう。この場合、あなたの心の大きさはどういうことになるだろうか。

人間の心は、究極的には宇宙と同じサイズにまで広がる可能性を持っている。心は、開けば開くほど大きくなる。逆に、不安やつまらない心配事に苛まれると、心はどんどん小さくなっていく。ゴルフでは、ある特定のポイントに焦点を絞り、神経を集中すること自体、決して悪いことではない。しかし、集中し過ぎて戦略上重要な変数を見失うと、とんでもないショットが出る。癇癪を起こすと心は縮んでしまい、判断を狂わす。一メートルのパットをミスしないかどうか気を揉み過ぎると、心は指ぬきほどのサイズに縮んでしまうのである。

最高のプレーは、最大限に膨らんだ心を持つことから生まれる。どのような事態に直面しても、それを取り巻く空間を正しく認識し、前後の事情を最大限に考慮することが必要だ。グリーンの五〇ヤード手前まで来たら、グリーン周りの地形をよく観察し、グリーンを見てパッティングのラインを読む心の準備を始めること。つまり、自分が置かれた状況の全体図を見るわけである。

スウィングする前にボールしか見ていないと、これからボールを送り込む目の前の空間の存在を見失ってしまう。小さい心でスウィングすると、伸び伸びとクラブを振り、ターゲットに向かって十分なフォロースルーを取ることができなくなる。ドライバーやアイアンでナイスショットしたら、喜びをあまり口に出さないで、ボールが描く放物線をじっと見詰め、ショットの〝全体図〟を楽しむこと。そんなとき、自分の心のゆとりと大きさを存分に実感していただきたい。そして、この体験を次のショットで思い出してみるといい。以前よりもっと多くのことを見、感じている自分に驚くに違いない。

心を広げるエクササイズ

練習グリーン上の平らな部分で、カップから二〇ヤードの地点にボールを置き、ピンを抜く。セットアップしたらカップに神経を集中し、ボールからカップまでの距離を感覚でとらえる。だがここで、パッティング・ストロークは行なわないで体を起こし、カップに向かって立つ。次に、両目を閉じたままカップがあると思しき位置まで歩いて、パターをそこでさかさまに持って、グリップエンドをカップに差し込んでみる（この際、歩数を数えてはならない。カップまで来たと思ったら、グリップエンドをカップに突き立ててみるのである）。

さて、結果は？　ほとんどのゴルファーは、カップまで行き着かない地点で立ち止まってしまう。カップがあると思う地点に近付くと、まるでカップを越えてしまうことが禁じられているかのように、ステップは小さく、不確かになる。つまりこの場合のカップは、外に出てはならないとわれわれが思い込んでいる、前述の〝箱〟の外郭なのだ。この場合、心は、ボールとカップの間の空間以上に大きくはならない。

さてここで、もう一度セットアップしてみよう。しかし今度は、カップの向こうを見るようにする。いったん、グリーン・エッジまで視野を広げ、そのあと視線をカップに戻すことによって、より大きな空間の中でカップをとらえるように努める。その後、両目を閉じてふたたびカップに向かって歩き、パターのグリップエンドをカップに突き立ててみる。今度は、おそらくカップに前回よりはるかに近いか、少し越えた地点まで来ていることだろう。これは、より大きな心を持ってカップを見た結果なのである。

カップだけに焦点を絞ると、心は縮み、思考は狭められてしまう。初回、目を閉じて歩いたとき、読者はおそらくカップに近付きつつあると感じて、歩くペースを落としたに違いない。もしカップが〝世界の果て〟にあるとしたら、行き過ぎて奈落の底に墜落しないように用心するのは当然だ。カップに集中し過ぎることによって、その向こうには何もないと思ってしまえば、カップ自体がわれわれの世界の端になってしまう。オーバーするとボールは地の果てから転がり落ちてしまうという潜在意識が働くため、どうしても短めにパットしてしまうのである。

視覚的作用が、このような心理作用と同じような結果をもたらす場合がある。ある対象に視覚を集中させ過ぎると、その対象までの距離は肉眼が認識するより短く見えてくる。つまり、対象が実際より近くに見えるのだ。これにオーバーしたくないという気持ちが加われば、ボールがカップに届くわけがない。これが、われわれが頻繁にパットをショートする一つの理由なのである。

パッティングに入るときは、グリーンの状態をよく観察し、より広い空間の中でカップまでの距離を見ることが肝心だ。

より大きな空間は、より大きな心を生む。そして、心が大きくなる分、結果もよくなるのである。

心は暴れ馬のごとし

弟子が老師に恭しく近付いて深々と一礼し、教えを乞うた。

「私は自分の心を抑えることが、なかなかできません。ある考えは、捨てようとしても、いつまでもつきまといます。逆に、心に留めておきたい別の考えは、いつの間にか逃げ出してしまうのです。心を抑制するには、どうしたらよいのでしょうか」

老師は答えた。

「心というものは、気性が激しい野生馬のようなものだ。どこかに閉じ込めて飼い慣らそうとすれば、興奮し、落ち着きを失う。無理におとなしくさせようとすれば、人に蹴り掛かり、さらに抵抗する。

だから、野生馬を飼い慣らすという観念を、より大きな視点で考えることが肝要なのだ。正しい現状認識という広い草原で、心を野生馬のように思い切り走らせよ。抵抗するものがなければ、心はやがておのずと落ち着きを取り戻す。野生馬は、いったん静かになれば楽に飼い慣らせる。飼い慣らしたら、次に訓練を施せばいい。そうすれば、心は鞍《くら》をつけた馬のように、お前を乗せてどこへでも迅速に連れていってくれるのだ」。

私はしょっちゅう、ゴルファーからこんな愚痴を聞かされる……「悪い習慣さえ断ち切れば、私は才能が生かせるのですが」。では、何がそれを断ち切る邪魔をしているのだろうか。問題は、ほとんどの場合、ゴルファー自身の考え方にある。

快調にラウンドしている最中に、「ここまでは幸い無事に来たが、そのうちにきっとぼろが出るぞ」などと考える場合がある。そのような考えを信じることは、その考え自体に力を与えることになる。その結果、心配と不安が生まれ、スウィングのリズムは乱れて、ミスショットが出る。そして、やはり自分の考え方が間違っていなかったのだという悲しい認識が増幅されるのだ。失敗への恐怖心が強まることによって、結局はその日のゲームはがたがたになり、不幸な予測は的中してしまう。

だが、そもそも思考とは、われわれ個々の人間の産物なのだ。目標達成の邪魔をするような考え方を、わざわざ作り出すのはなぜなのか。別の視点から、われわれの思考と行動の関係を、もっと詳しく吟味してみよう。

一般的には、われわれの思考と心は同一だと感じられる。思考が心を完璧に満たしているように思える。われわれは、あたかもひっきりなしに自問自答しているかのように思えるのである。そして、こうした思考や恐怖にためらいもなく反応してしまう……反応すべきか否かの選択権を行使することなく。

だが、果たしてこうでなくてはならないのだろうか。よく考えてみると、思考はわれわれの心の中から湧いてくるものであり、決して**心自体ではない**。思考と感情の一連の流れを観察することによって、われわれは刺激↓思考↓行動の過程に一定のギャップが生じることを体験できるようになり、その結果、ある事態に無条件に**反応する**のではなく、知的に**対応する**ことが選択できるようになるのである。

思考の認識

思考の本質を知る修行は、仏教の基本である。まず最初に、背筋を伸ばして椅子に座るか、クッションの上で胡座《あぐら》を組むかして、できるだけ静かな姿勢を保つ。目を開いたまま、伏し目がちに前方を凝視し、吐く息と吸う息に無理せずに神経を集中する。この姿勢は、体と心を落ち着かせる効果を持つ。そして、呼吸を乱すことなく認識の範囲を広げ、すべての身体的な感覚とその他の知覚作用を察知するように努める。

思考が湧いてきたら、あえて取り込んだり捨てたりしないで、自然に去来させてやるようにする。思考の存在を感知するだけで十分であり、分析したり判断したりする必要はない。この作業をしばらく行なうと、こうして湧き起こってきた思考の質を洞察する力を発揮するゆとりが生まれるのである。思考は心の中を終始去来するが、それに完全に心を占拠される必要はない。

思考認識のためのこの訓練を定期的に行なえば、思考への関わり方が変わり始める。そうなると、過去または未来のどこかをさまよっている自分と、現在にしっかり根を張っている自分とのコントラストが見え始める。現時点にきちんと腰を据えていれば、人は自分の思考を正しく認識することができるのだ。だから、どのような思考や感情が湧いてきても、いちいち反応することなく、単に認識するだけでいい。

瞑想中に、心がほとんど、あるいはまったく騒がないことがある。雑念を捨てたこの状態では、見るもの、聞くこと、匂うもの、あるいは体験するすべての感覚が鮮烈に感じられる。

仏教では、心と認識は同義である。認識とは、経験するすべてのものを内包する、開かれた大きな器である。鏡と同じで、それには特定の色もないし、それ自体に付随する中身もないが、その前に現れるものすべての姿を写し出す〝明鏡〟である。思考、感覚、感情、夢などはすべて、個々人の心の中の鏡に現れる。しかし、これらはいずれも、心そのものではなく、心の**中身として現れるものだ**。人は思考する。だが、思考は心そのものではなくて、あくまでも心の産物に過ぎないのである。

心の中身ではなく、認識そのものと一体感を持つと、小さな心は大きな心に変わる。個々の思考はそれぞれ、自分の大きな心の中の広い空にたなびく、小さな雲であることがわかるようになる。そのような視点を持てば、思考の本質は、われわれの心をよぎる言葉や絵のようなものであり、映画のスクリーンに現れる映像程度の現実性しかないことがわかるだろう。その実体があらわになると、思考はパワーを失ってしまう。心の中を思考が去来し、現れたときと同じようにあっさりと消えていくのを観察すれば、どの思考に注意を払い、どれを除去すべきかの選択が可能になる。思考自体は、われわれがそれに与える以上のパワーを持つことはできないのである。

ゴルフにおいては、自分の思考に強制されることなくその意味を受け入れることは、極めて有用だ。ラウンドの終わりのほうで、失敗の危険が成功の可能性をはるかに上回っているにもかかわらず、池越えのロングショットでグリーンを狙いたくなることがあるかもしれない。だが、このような瞬間には、取り敢えず一歩退いて、新しい視点でホール全体を観察し直すことによって、勝利を逃してしまうような感情的な判断をなんとしても避けなければならない。湧き上がってくる思考と、それに対する対応との間に少しばかり、冷静な判断のためのゆとりが持てれば、毎回ラウンドするたびに何ストローク、セーブできるか、考えてほしいと思う。

人間の基本的な善性を信じる

一人の若者が、粘土の像を持っていた。家宝だったが、若者はこれが味気無い茶色の粘土でなくて黄色に輝く黄金でできた像ならよかったのに、といつも考えていた。だから若者は、生計を得はじめると、粘土の像を黄金で覆うという特別の計画を実現するに足るだけの額を目標に、折に触れていくらかずつ貯金したのだった。

計画は実現し、粘土の像は若者の希望どおり金で覆われ、人々は賞賛した。若者は、金の像を手にしたことに大いなる誇りを感じた。しかし、せっかく貼った金は粘土にうまく馴染まず、しばらくするうちに部分的にはげ始めた。そこで若者は、像を修理に出して、さらに金を貼らせた。だがそうしているうちに、全財産とすべての時間を費やさない限り、黄金の像を維持していくのは不可能であることを悟った。

ある日突然、若者の祖父が何年も続いた長旅から帰ってきた。若者は、粘土の像が黄金の像に変わった姿を祖父に見せたかった。しかし、金がはげ、粘土が露出している部分が何カ所もあったため、若者はいささか困惑した。

老人はにっこり笑って、愛しげにその像を握った。そして、濡れた布で像をそっと擦り、徐々に粘土の部分をはがしていった。

「この像は、何年も前におそらく泥の中に落ちて、粘土がこびりついてしまったに違いない。だが、そのころはまだ小さかったから、そんなことは知らなかったお前は、これは初めから粘土の像だと思ったのだろう。しかし、ここを見てごらん」

老人はそう言うと、粘土がはがれた下から明るい金色の光がさしている部分を孫に見せた。「この像は、粘土の層の下は初めから純金だったのだよ。だから、粘土を金で覆う必要はまったくなかったのだ。さあ、これでこの像の正体がわかったのだから、粘土をそっと拭い落としてごらん。お前がずっと昔から持っていた純金の像が姿を現わすから」。

わが恩師チョギャム・トゥルンパ師が教えてくれたことだが、仏教とシャンバラの教えのもっとも基本的な信条の一つは、人間の本質は基本的に善良であるということだ。師は次のように述べている。「世はすべてこともなし、と無理に自分に言い含める必要はない。なぜなら、人は本質的に誠実かつ善良だからである」。あらゆる人間が共有しているのが、生を受けたことに対する飾らない真っ直ぐな感謝の気持ちである。ゴルファーは、楽なスウィングで大空めがけてナイスショットした瞬間に、その気持ちを体感する。

われわれの人間としての基本的なありかたに欠陥も欠損部分もないと思えるのは、心の豊かさと魂の健全さに裏打ちされた見方である。われわれが持って生まれた基本的な善良さを認めることは、人間には基本的かつ本質的に正しいものが備わっていると考えることを意味する。われわれが自分自身に対してトすべき人間としての評価は、特定のショットの質やラウンドの結果に左右される必要はまったくない。

こうした視点は、現代社会に生きる人々にごく頻繁に見られる態度とは、大きく異なるものである。いまの社会では、自分の価値を繰り返し証明する必要があるが、これは人間は何か基本的に正しくないものを具備しているという深層心理に起因する。その結果、人は自分自身がそうありたいと思う人間になるためには、本来の自分以外の何者かにならなければならないと考えてしまうのである。

これは〝枯渇的精神性〟である。つまり、われわれの本質は破壊されてしまったから修繕が必要であり、本来の自分自身に立ち戻るためには何かを補充しなければならないという考え方だ。前述の粘土の像と同じことで、われわれの基本的な善良さは、長年のうちに自己不信と恐怖心に覆われてしまっているのだ。自分自身のありかたに満足していたころの記憶は褪せ、勝手に不十分だと考えている点を補う手段は、ただ見てくれだけのための金の延べ板で体を覆うことだと考えてしまうのである。

一般的にゴルファーは、私の言うこの〝貧乏根性〟でゴルフに臨む。コースに出ると、自分を咎める言葉……それは、ひどいショットのあとで多くのゴルファーが発する、「ああ、またか」というあの悲しげな嘆きの声に集約されるのだが……をうんざりするほど聞かされる。多くのゴルファーは、ときおり、ショットの善し悪しで自分の生死が決まるような錯覚にとらわれてしまうのである。

われわれのスウィングは、ゴルフのゲームにおける純金の像である。まずいショットをすると、われわれはふつう、スウィングに何か問題があるのではないかと考えてしまう。だから、スウィングを直すために何かしなければならないと考え、欠けていると考える部分をあわてて補ったり、どこかを修正しようとしたりする。これでは、粘土の上に金を貼るのと同じことだ。

ラウンドの途中でにわか仕立てでどこかを修正しようとすれば、スウィング中に何が起こっているかを正しく理解することが、その分難しくなる。そうすることは、粘土の像に金の延べ板を貼ることによって、中の純金の部分が次第に遠のいていくのと同じことである。しかし、スウィングを現場でいじらないでおけば、ショットのパターンが系統的に認識できるようになり、その結果、ターゲットの狙い方やヤーデージの取り方が以前より現実的になってくる。スウィングを変えようとしないで、ショットのパターンを認識するように努めれば、何がそのようなショットを生んでいるか、より正しく理解できる。その結果、練習場（あるいはレッスン）で自分の習慣を直す際に必要な情報と洞察力が、自ずと備わるのである。

はっきり言っておく。スウィングに黄金のプレートを貼る必要はない。われわれがしなければならないのは、体がすでに扱い方を熟知している〝純金の部分〟を覆っている、粘土という障害物を拭い去ることだ。このように異なった視点を持つことは、われわれの〝貧乏根性〟を〝豊かさに裏打ちされた精神性〟に変貌させることを意味する。自分は基本的に正しいことをしているのだという信念を、われわれの本質として認めることは、無条件の自信を見出す機動力になるのである。

そう考えると、思わぬ方向に飛んだショットは、もはやわれわれの人間としての欠陥の証でも、それに対する懲罰でもなくなり、逆に、最終的に自分たちのゲームを黄金の像のように輝かせるために、われわれ自身からさらに多くの粘土を拭い去る手段となるのである。

無限の自信が持てる

自信の持ちようでゲームの成否が決まる場合が多い。すべてのゴルファーが、ティショットは毎回フェアウェイをとらえ、パットは毎回カップに沈むことを期待しがちである。ここで、自信には三種類あることを認識しておくことが重要だと思う。

まず最初は、**誤った自信**である。これは過信とも言うが、決してゴルファーのためにならない。このような自信は大ぼらを吹くことに似ており、自らを欺く。非現実的なリスクを求めることになり、ほぼ毎回、惨澹たる結果に見舞われる。実力以上の自分を見せて、他人に舌を巻かせようとしても、真実はコースでたちまち露見してしまう。

次は、**条件付きの自信**である。この種の自信は、最近のプレーの結果に立脚する。つまりこれは、ナイスプレーが続くという条件の下での自信だ。好調なプレーが続くと、自信が膨れ上がり、ついにはあらゆるショットがナイスショットになると思ってしまう。ところが、いったん調子が狂ってくると、自分の能力を疑い始める。「何をやってるんだ」というわけだ。そして、そこから調子は急降下していく。ミスショットを心配しながらスウィングし、実際にミスショットが出ようものなら、次のショットではさらに自信を喪失してしまう。これを、「自己充足的な予言」と言う。これに対する矯正策は、次に述べる限りなき自信である。

三つ目は、**無限の自信**である。無限の自信は、われわれ自身が人間として基本的に善良であると考えることから生まれる。われわれは、自分自身を真っ当な人間であることと、ゴルファーとして、自分たちの現在のレベルのプレーを可能にした腕前に、それなりの自信を持っている。しかしこれは、毎回完璧なショットをして当然と考えているという意味ではない。ショットによって生じるあらゆる結果に、自信をもって対処できるようになることを意味するのである。しかし、無限の自信を身につけると、われわれの人間としての自尊心は、ゴルフのボールをうまく打ったか打たなかったかなどといった現象に左右されなくなる。自分たちの本質と能力を基本的に優れたものとして受け止め、われわれが直面する問題を一過性の現象と見るようになる。だから、ミスショットしてもスウィングが悪いのだろうと考えて、すぐさま直そうなどとはしないで、意図していたショットの邪魔をした真因を探るための努力を払う。このような姿勢を取れば、劣勢を速やかに挽回し、ふたたびナイスプレーが続行できる。

限りなき自信を持てば、物事を時々刻々の成果としてではなく、はるかに大きな視点から見ることが可能になる。視点が大きくなればなるほど、特定のラウンド中または数ラウンド、あるいはそれ以上にわたって必然的に起こる出来不出来の波を、より上手に乗り切ることができる。問題は常に起こるものだという点が認識できれば、困難な事態もユーモアの精神で切り抜けることができる。そして、成功の体験を謙虚に受け止めることができるようになる。成功もまた、一過性のものなのだ。何ごとに直面しても、無限の自信さえあればわれわれは一瞬たりとも恐怖を感じない。それこそ、真の自信の発露なのである。

障害物を取り除いて

「啓発」という言葉の定義は、辞書には「物事に真実と知識の光を当てること」とある。人は啓発によって、無知に起因する失敗から解放される。自己啓発的なゴルフへの取り組みとは、これまでとは異なった視点で物事を見ることを意味する。つまり、クラブを思うままに振り、妙な感情に妨げられずにプレーすることである。

恐れと不安とフラストレーションの暗雲の下であがくことを止めて、そうした感情を心から一掃してしまえば、われわれは本来持ち合わせている自信を十分に活用できるようになる。障壁さえ取り除いてしまえば、自信は雲の層を貫く太陽の光のように、ふたたび明るく輝き始めるのである。

雑念を取り除くには、二つのステップが必要だ。まず、問題点を正しく認識すること。たとえば、最後の数ホールでいつもドジを踏んで、好調なラウンドをふいにしてしまう癖のあるゴルファーの場合を考えてみよう。このような場合、原因がわからないのにスウィングに問題があると勝手に考え、本当の問題の解決にまったく役に立たない小手先の対処法を試みてしまうことが多い。だから、最高のプレーを妨げている真因を認識する力を養うことが必要になってくる。

次に必要なステップは、よけいな考えを排除することである。この場合も、何かが欠けていることが問題なのではなくて、何かが存在することがわれわれの邪魔をしているのである。必要なのは、何か新しいことを学ぶよりも、古い知識を捨て去ることだ。砂漠のダチョウにとって必要なのは、もう一つ別の頭を持つことではなく、すでに砂の中から外に出してある頭を、きちんと上げて周囲を見ることなのである。

自分自身の落ち度のせいで物事がうまくはかどらないことが認識できれば、人は自分の習慣を変える努力を始めることができる。自滅的な行動パターンが排除できれば、最高のプレーの邪魔をするものは、何もなくなるのである。

完璧なスウィングとは

ここで筆者は、読者であるあなたに「おめでとう」と言いたい。あなたのスウィングは完璧であることを祝福したいからだ。「見たこともないくせに、突然、変なことを言う」と思われることだろう。だが私には、実はあなたのスウィングを見る必要はないのである。

なぜなら、私が言う「完璧」なスウィングとは、あくまでもあなた自身にとって「完璧」だからであって、この言葉の本来の定義において〝完全無欠である〟ということではない（事実、スウィングの形は冬空から降って来る雪片と同じ数だけあり、本当に「完璧なスウィング」などというものはあり得ない）。そして、あなたにとって完璧なスウィングとは、その日あなたにできる最高のスウィングのことなのである。つまりそれは、今後さらに練習し、研究することによってよくなってはいくものの、現時点のあなたにできる最高のスウィングなのである。それは、ダンスの会場に同伴した、あなたにとってたった一人のパートナーなのだ。だから、最後まで一緒に仲良く踊ってほしい。

重要なことは、常に自己最高のスウィングができるかどうかという点である。もちろん、それは不可能な話だ。しかし、いま以上のスウィングはできなくても（やろうとすれば、厄介なことになる）、それを妨げ、狂わせることは確実にできる。われわれはあまりにも頻繁に、自分自身のショットを否定的に見ようとし、必要以上に人目を気にして神経質になる。だから私は、よくこう言っている。「肩越しに他人を見ようとすると、首が痛くなるよ」と。

次のショットに入るまでに、ゴルファーが自分のスウィングを忘れてしまうなどということは、そもそもあり得ない。問題は、心の隙間に邪魔……つまり雑念……が入り込むことだ。われわれはよく、まずいショットが出るとすぐスウィングを分析し、修正しようとするが、その結果、一つの〝解決策〟が次のスウィングを妨げてしまう。そうすると今度は、修正したスウィングにさらに新たな修正を加えなければならなくなる。その繰り返しの結果、われわれの心は乱れに乱れ、しまいには握っているクラブに違和感すら感じることになり、どうスウィングすればいいのかまったくわからなくなってしまうのである。

PART 2

〝PAR〟式戦略とは

ここで言う〝PAR〟とは、
〝Preparation〟（準備）
〝Action〟（行動）
〝Response to Results〟（結果への対応）、
の三語の頭文字を取ったものである。

「もし、ショットに入る前に毎回きちんと戦略を練り、実力以上のプレーをしないように努め、決して癇癪を起こさず、どんな結果が出ても自分を責めなかったとしたら、何ストロークくらいセーブできていたか、自問してみるといい」

――ジャック・ニクラス

準備　PREPARATION

準備は、〝ＰＡＲ〟式戦略に基づく上達法の最初のステップである。ショットへの準備にとって不可欠な三つの要素は、〝３Ｃ〟、つまり〝Clarity〟（明確なイメージ）、〝Commitment〟（コミットすること）、そして〝Composure〟（平常心）である。

明確なイメージを持つことは、意図したショットとボールの弾道を鮮やかにイメージすることを意味する。また、信念を持ってゴルフに〝コミット〟（傾倒）すれば、無益な憶測や懸念や躊躇から解放されるし、平常心を持てば、常に冷静さを保ち、緊張せずに落ち着いてプレーに集中することができる。

これらの要素は、ショットに正しく備えるために不可欠である。本章の内容は、これらの概念の解説を通して、読者が〝３Ｃ〟を満足に身につけるように意図されている。それができて初めて、これら三要素はもう一つの、そしてもっとも重要な〝Ｃ〟、つまり「自信」を意味する〝Confidence〟につながっていくのである。

ターゲットを明確に

　われわれの行動を司るのは、意図である。スウィングをする目的は何かと尋ねると、大半のゴルファーは「ボールを打つことです」と答える。しかし、ボールをターゲットとみなすのは、実は問題である。

　自分がすべきことは、〝ボールをターゲットの方向に飛ばすこと〟ではなくて、〝ボールそのものを打つこと〟だと考えてしまうゴルファーが多い。そのように考えるから、素振りはそこそこにできたとしても、いったんアドレスに入ると、まるで材木を切り倒すようなスウィングしかできないケースが、特にハイハンディのゴルファーに多く見られる。しかし、スウィングする目的が、ボールをターゲットに向かって飛ばすことなら、意図は違ってくるし、その結果、スウィングも自ずと変わってくる。

　この二つの異なった意図……つまり、ボールをターゲットとして打つことと、ボールをターゲットに向かって飛ばすこと……を持ってセットアップして、それぞれの場合のスタンスと焦点の絞り方を比較してみてほしい。〝ターゲットに向かってボールを飛ばそう〟とするには、ナイスショットへの準備により適したスタンスと心構えが必要であることは自明である。

熟練したゴルファーでも、ときには、物理学よりも心理学に関わる誤った観点の犠牲になることがある。「なんとしてもよいスウィングをしなければ」という意図は、融通の利かない考え方と自意識を生み、伸び伸びした動作を妨げてしまう。だが、もしスウィングする目的が、ボールがターゲットに向かって空中を飛ぶ、あるいはグリーン上を転がるイメージを実現することになれば、心はそうしたイメージで満たされるから、体が自然に回って自由なスウィングができることになる。

ばつの悪い思いをすることを避けたり、ミスショットをしないようにすることが主たる意図になると、われわれはこれなら安全と思える慎重なスウィングをして、ボールを置きにいこうとしてしまう。そうなると、伸び伸びした大きなスウィングをすることは不可能になり、ほとんどの場合、結果はミスショットになる。

偉大なチャンピオン、ボビー・ジョーンズは、この点こそ彼自身にとっての最大の弱点だと考えていた。ジョーンズは、トーナメントで楽にトップを走っているうちに、リードを維持できなかった場合に感じるであろう屈辱感に、恐れを感じるようになったのである。そこで彼は、ターゲットを選ぶことを止め、ハザードを避けることに集中した。彼は、現役時代の自分が、もしトップを走っている選手を追いかけるときと同じくらい、ターゲットに集中することができていれば、はるかに多くのトーナメントを制していたことだろうし、実際に勝った試合もはるかに楽に勝てたに違いないと感じていた。

最高のターゲットは、ボールが届いてほしいとゴルファーが願う地点だ。ゴルファーにとっての最高の意図とは、自分のスウィングを信じることであり、最高の目的とはゲームを楽しむことである。このように考えれば、伸び伸びとスウィングしてよい結果を出すことが可能になり、ゲームを存分に楽しむことができるようになるのである。

心眼を開け

〝3C〟の最初のCに示される明確なイメージ（clarity）とは、意図したフルショットのイメージをしっかりと心に描くことだ。つまり、ボールの止まる地点と、そこに行き着くまでのボールの飛び方や転がり具合を、できるだけ具体的にイメージすることである。そうするためには、あらゆる状況を迅速かつ正しく判断して戦略を立て、それをイメージに変えることが必要になる。〝視覚化する〟という言葉もある。だが、あえて私が〝イメージ〟という言葉を使うのは、イメージはもちろん視覚に関連のある言葉だが、触覚と音を含むと思うからである。

　自分がこれから打とうとするショットをイメージすることができない、と打ち明けるゴルファーは多い。世の中には音感や触覚のほうがイメージする力より優れている人々がいることは確かだが、われわれは皆、ある程度〝心眼〟でものを見る力を備えている。多くの場合、人は〝視覚化すること〟は自分たちがすでに行なっていること以上に複雑なものだと考えている。〝視覚化〟の作用によって、まるで映画を見ているようなイメージが心に描けると思っているようだ。しかし実際には、自分自身の心眼を通して体験することのすべてが、〝視覚化〟なのである。

　あるレッスン・ラウンドで、アウトの9ホールで四度にわたって3パットしたプレーヤーがいた。昼食のために休憩を取ったあと、練習グリーンでそのゴルファーが助けを求めてきた。そこで私はこう尋ねた。「君は、パットが転がってカップに入る場面をイメージできているかい」。

「いえ、できていません」とそのゴルファーが答えた。「パッティングのラインが読めないんです」。

そこで私はこう言った。「パットのラインが読めない人は大勢いるから、気にすることはない。だが、仮に君にボールの転がり具合がイメージできるとしたら、いま打とうとしているパットのラインは、どう見えるかね」。

即座に答えが返ってきた。「ボールはまず、カップの右側に向かってかなり直線的に転がり、ほぼ中間地点でスピードが落ちて左に三〇センチほど切れ始め、手前右サイドからカップインすると思います」。

「正解だ」と私。「君がそのように〝見た〟ことが、パットのラインをイメージできたことの証なのだよ」。後半の9ホールで、このゴルファーは3パットを一度もしなかった。

心の中の肉体的機能を司る部分は、イメージで動く。バスケットボールや野球のように、相手の動きに対応した行動が要求されるスポーツの場合、シュートをするにしてもバットを振るにしても、あるいは投球するにしても、反射的に行動する瞬間はものを考えている余裕はない。競技者はターゲットのイメージに反応するのみである。しかし、ゴルフの場合、ボールは静止状態にある。それに、他のプレーヤーがショットをブロックしたり、ボールを奪ったりすることはない。つまり、どのようにスウィングすべきか考える時間は十分あるわけだ（他のスポーツで類似した状況が考えられるのは、野球のピッチャーの投球、バスケットボールのフリースロー、テニスのサーブ、あるいはボウリング、ダーツ、カーリングなどである）。

意図したことのイメージを心にはっきり描けば、体は自然にそれを実現しようとする。そのイメージこそ、〝ターゲット〟なのである。イメージが鮮やかであればあるほど、体はそれをより効果的に体現する。雑念や、意図せぬもののイメージは、よい結果をもたらす可能性を損なってしまう。最高の結果は、実際のターゲットに関するイメージに体が機能的に対応することから生まれる。だから、最高のスウィングを生むヒントは、観念的な思考ではなくて、できるだけ具体的なイメージなのである。

同じような理由から、私は「このパットの狙いは、カップの右のエッジだ」などと言って、パットの曲がり具合を論じることを好まない。なぜなら、そう考えると、実際には右から左に五センチほど切れて、カップの正面から転がり込むパットだと読んでいたとしても、パットする直前に、カップの右エッジだけをイメージしてしまう可能性が高いからだ。〝カップの右エッジ〟がターゲットになってしまえば、結果的にプッシュアウトすることになり、ボールはカップの右エッジをなめて、外に飛び出してしまうのである（この現象には、〝リップアウト〟という用語がある）。

ツアープロ生活一年目のランドリーは、最終9ホールで六回も〝リップアウト〟したラウンドについて話してくれた。パット・ラインをどう読んだのか尋ねてみたところ、案の定、〝カップ右エッジ〟あるいは〝左エッジ〟と読んでいた。彼はカップのエッジのイメージを抱き、それをターゲットとしてパッートをする方法を身につけていたのである。私は彼にこう言った。「それは、君がパッティングが得意なことの証だと思うよ。ボールを直径一〇センチのカップに沈めることは、エッジに命中させることにくらべれば易しいものさ。君のパッティングは非常に正確なのだから、自信を持っていい」。

ランドリーと私は、ボールがカップの中央よりわずかに左または右の地点から転がり込むイメージを描いてパットすることに集中した。以来、ランドリーがリップアウトする回数は激減し、ほとんどの場合、カップインするボールの大半はカップのど真ん中に転がり込むようになったのだった。

その瞬間の鮮やかさ

五感を正しく認識することは、ショットを効果的にイメージするために必要である。人間の五感は、われわれがゴルフのショットや、それ以外のすべてのことを行なう際に、心と体に適切な指令を与えるために必要な情報を収集する。だから、感覚認識の実態と、それがどのような形で体験されるかを自覚する練習は、大変ためになる。

まず、背筋を伸ばし、両足を床につけて椅子に座ることから始めよう。両手は、手のひらを下にして膝または太股《ふともも》に置く。そして、その姿勢で味わう一つひとつの感覚を認識している自分を意識するように努める（注 嗅覚と味覚の認識は、これらの感覚を喚起してくれるものを意図的に用いる必要があり得るため、ここの記述からは省く）。

最初に、目を動かさないまま、視野の内側にあるものをできるだけ多く認識する。見えているものの名前を、心の中でいちいち言わなくていい。それらが見えていることを、認識するだけでいいのである。色と形を見ること。周辺視野の左右と上下の限度に注目する。そして、何が近くにあって、何が遠くにあるかを識別する。

一分ほどたったら、今度は（目は開いたまま）、聞こえてくるものに注意を向ける。自動車や機械類の音、鳥や人の声などを含む、あらゆる音に耳を傾けること。近くの音か遠くの音か、そしてそれらの音がどの方向から聞こえてくるのか注意する。この場合も、聞こえてくる音の種類を、心の中でいちいち言う必要はない。

聞こえて来る音に一分ほど耳を澄ませたあと、触覚に集中してみる。臀部に対する椅子の圧迫感、床に密着している両足が受ける感覚、両手で感じる衣服の繊維（あるいは肌）の手触りなどを察知するのだ。そして、自分の姿勢や、心臓の鼓動のような体の内部のさまざまの動きや、呼吸に合わせて起こる体の動き、あるいは鼻孔や口を通して出入りする空気などを認識してみよう。この場合も、何も考えず、ただありのままを認識するだけでいい。

それぞれの感覚に注意を向けると、以前よりはるかに多くのことを察知することができていることに気付くだろう。現状への認識が深まれば、周りの状況に関するさらに多くの情報が収集できるから、次のショット（あるいは、さらに言うなら、あらゆる行動の手順）のための、よりよい選択が行なえるようになる。

感覚認識を自覚する練習は、意図したショットの鮮やかなイメージを描く能力を高めてくれる。視覚、聴覚、触覚の三者を含んだイメージが鮮烈になればなるほど、心はそれを実現させるため、より効果的に体に指令を送る。ベン・クレンショーは史上最高のパターの名手の一人だが、パットが本当に好調なときは〝カップの底の土の匂いがしてくる〟と語っている。

一つの感覚に集中していくと、その他の感覚は褪せていく。視覚あるいは触覚に注意を払っているとき、おそらく音はあまり聞こえなかったことを認識するに違いない。こうした効果は、スウィングのルーティン中に湧いてくるもろもろの雑念を排除しようとする際に、重要な影響力を持つ。大半の人々は、五感に集中しているときはよけいなことはほとんど考えずに済むことを知るようになる。

感覚認識が意識を独占すれば、過去あるいは将来の結果にこだわって目先のことに集中できないような状態は、起こらなくなる。なぜなら、感覚認識の対象は現時点であり、思考の対象はおおかた過去あるいは将来だからだ。つまり、思考と感覚認識が共存することは不可能なのである。過去または将来のことにとらわれれば、人は〝現在〟を対象とした感覚認識を実践することはできない。現時点に焦点を絞って感覚認識に集中できていれば、過去や将来に関する雑念が心に入り込む隙間はなくなるのである。

ショットに備えるに当たって、感覚認識の力をもっとも効果的に活用する方法は、スウィングとターゲットに関する視覚的、聴覚的、筋感覚（つまり体が受ける感覚）的なイメージを、可能な限り鮮やかに心に描くことだ。そして、その瞬間に生まれた鮮烈なイメージに心のチャンネルを合わせれば、体はプレーヤーが意図したショットの着地点に関する明確な指令を自動的に受けるから、スウィングに関する雑念に煩わされずにすむのである。

ターゲットはどこ

自分が狙うべきターゲットがどこにあるか、本当にわかっているだろうか。たぶん、わかっているとは感じているに違いない。しかし、われわれが〝感じる〟ことは往々にして本物ではないのである。

ターゲットに対して正しくアドレスしているかどうかを調べる方法がある。練習するとき、まず、ボールをティアップする。ボールの後ろに立って、遠くのターゲットを選ぶ。次に、ドライバー（あるいは、ふだんティショットに使うクラブ）を持ってアドレスの体勢に入る。ここで、両目を閉じ、そのままの体勢でターゲット寄りの手をグリップから離し、腕を肩の高さまで上げる。そして、目を閉じたまま、自分が選んだターゲットがあると思っている方向に、人差し指を向ける。次に、腕と手を動かさずに目を開き、首をそっと回して人差し指が指している方向を調べてみる。

多くのゴルファーは、実際のターゲットとは異なった地点を指しているはずである。もし、あなた自身もそうしているとしたら、これは何を意味するのだろうか。それは、あなたは無意識のうちに自分自身と抗うことになる、ということだ。自分が狙っているはずのターゲットからずれたアラインメント（方向取り）を無意識に行なっているわけだから、実際にスウィングするときに、異なった二方向へ向かって同時にクラブを振ろうとする意識がいやでも働くため、スウィングにさまざまな修正を取り入れなければならなくなってしまう。

自分が指で示しているターゲットと、意図したターゲットとの間に大きなずれが生ずる場合は、目と体をもっと噛み合って機能させるトレーニングを徐々に行なえばいい。まず、練習場に出向いて、ターゲットを選んでアドレスする。そして、前述の目をつぶったままの姿勢でターゲットを指さす練習をし、目を開けて、指がどこを指しているか調べるのだ。次に腕を動かして、ずれを修正する。今度はそのままの姿勢でティアップしたボールに視線を転じて、腕が指した方向と感覚でとらえ、その方向にあるターゲットのイメージを心にしっかり描くのである。そして、イメージしたターゲットに向かってスウィングすればいい。ボールが飛んでいく方向はあまり気にしなくていい。最初は少し違和感があるかもしれないが、この練習を何度も繰り返してほしい。次第に慣れていき、目と体が同調して機能し出せば、結果はどんどんよくなっていくはずである。

池に打ち込むな

人間の意識とは面白いものである。たとえば確かに、「サルのことを考えてはならない」と告げると、その人物が心に描くのは必然的にサルの姿なのである。なぜなら、「サル」という言葉はわれわれが具現的にイメージできるものを指すが、「……してはならない」という言葉は単なる観念に過ぎないからだ。同じような理由で、コースで「池に入れるな」と自分自身に言い聞かせると、われわれの心に描かれるのは、池のほうに飛んでいって水飛沫《しぶき》を上げるボールの姿なのである。

避けようとしている場所にボールを打ち込んだあと、ゴルファーは自分自身を否定的に考え、自分は無能だと思い込む。そんなとき私は、ミスショットだとは言っても、もともとイメージしていた場所にボールが打てたのだから、それなりの技術は持っていると考えるようにしてはどうか、と言うことにしている。

ボールにどうしても飛んでいってほしいスポットのイメージを心に抱くことは、極めて重要である。ボールにいってほしくないスポット……つまり、避けたいと願うハザード……のことを考えると、マイナスのイメージが心に描かれる。そのようなイメージは、実はわれわれの体に対して発信されるメッセージとなり、体は指令どおりの結果を忠実に作り出してしまう。

優れたアマチュア・ゴルファーのケンは、ロサンゼルス市主催の選手権で放ったティショットについて、次のように述懐している。「その日はドライバーが好調で、ほとんど毎ホールで真っ直ぐ、遠くまで飛びました。毎回、スウィングする前に私は、意図した着地点に向かってボールが飛び、バウンドして前に転がり、フェアウェイの好位置で止まる様子が、うまくイメージできたのです。しかし、後半の9ホールのあるティショットのセットアップで、最後にフェアウェイのほうを見たとき、ふだんの私の着地点よりはるか手前のフェアウェイの右端にある、小さなバンカーが目に入りました。不幸なことに、私の心にはこのバンカーのイメージが最後に残ってしまったのです。そして、どうしたことか、私はティショットをトップしてしまい、ボールはフェアウェイで弾んだあと、なんとそのバンカーに転がり込んだのです。ふだんなら、一〇〇回打っても、あのバンカーに入れることは不可能なはずなのに……」。

果断であれ

あるとき、一人の男が港のすぐ沖合にある島にいきたいと思った。男は埠頭にいくと、隣り合わせに停泊している二隻の船が、同じ時間に、しかし別々の航路で、その島に向かうことを知った。どちらに乗るべきか決断を下し兼ねた男は、それぞれの船に脚を一本ずつ入れて立った。二隻が埠頭を離れたとき、男はいずれの船に乗るべきか、まだ決め兼ねていた。船が別々の方向に向かったときも、まだ決断を下せなかった。結局、いずれの船も信用できなかった男は、海中に投げ出されてずぶ濡れになり、島に着けなかったのだった。

誰でも、二者択一の選択を迫られた経験はある。どのクラブを使うか、あるいはどのような球筋のショットにするかなど……。こうした状況は、パッティングの際にもっとも頻繁に発生すると言える。サイドヒルの短いパットを、カップに向かってしっかり真っ直ぐに打つか、あるいはラインに沿って柔らかく打つか、即断しなければならない。果断に選択しないと心に迷いが残り、パットを沈める可能性は限りなくゼロに近付く。史上最高のパターの名手の一人だったボビー・ロックは、こう言っている。

「心に迷いを残してパッティングすれば、結果はほぼ毎回致命的である」

このようなパットの場合に一つのプランに集中できなかったら、ふつう、何が起こるだろうか。強く打ち過ぎて、ボールは切れずにそのままカップを素通りしてしまうか、そっと打ち過ぎて、ショートしてしまうかのいずれかである。

では、なぜそうなるのだろうか。それは心の中に相対する二つの局面が生じるからだ。一つは、意識し、考えることによって綿密な計画を練ろうとする心であり、もう一つは、体の動きを調整する、意識下の本能的な心だ。〝計画する心〟は〝調整する心〟に指令を送り、体が達成すべきことに関するイメージを提供する。しかし、われわれが確固たる決断を下し得ないでいると、〝調整する心〟は同時に二つの異なったイメージを受け取ってしまうのだ。その結果、どうなるだろうか。〝調整する心〟は必死になって二つのイメージを組み合わせようとするが、そのような組み合わせでは、そもそも初めから〝勝ち目〟はない。

これと同じ混乱は、スウィングする瞬間まで迷いが残り、最終的な決断を下し兼ねている場合に、いつも起こる。それぞれのショットに可能な限り十分に備え、一つのプランに徹することが、成功への唯一の道である。信念に基づいて実践するストロークは、恐れと不安が生む緊張と躊躇にさらされたストロークより、はるかに優れているのだ。

ルーティンは沈着に

深呼吸をして、息を体外に吐き出すと同時に、相矛盾した考え方を頭の中から一掃すること。そして、ショットに入る前のいつものルーティンを、沈着に行なってほしい。アドレスで、これでいいのかと思うことが一つか二つは出てくるかもしれない。そんなときは、そうした考えを無理に払拭しようとしないで、アドレスの〝仕切り直し〟を行ない、一歩退いて、その考えが自然に消滅するのを待つ。雑念が消えれば心にゆとりが生まれる瞬間が訪れるから、そのときふたたびアドレスに入り、スウィングすればいいのである。

ベーコンとタマゴの朝食

町から来た男が年老いた農夫に、町をよくする市民委員会への入会を依頼した。すると農夫は、「わしに関わってほしいだけかね、それとも体を張ってほしいのかね」と尋ねた。

農夫の言っていることの意味がわからず、男は聞いた。「どういうことですか」。すると農夫はこう答えた。「ベーコンとタマゴの朝飯のことを考えてみな。ニワトリは単に関わっているだけだが、ブタのほうは体を張っているじゃないか」。

ゴルフにおいて信念を持つということは、ゴルファーが下した決断……つまり、自分が描いたイメージや選択したクラブ……が最高のものであると確信することを意味する。少しでも迷いがあれば、本当に信念を持ってプレーしているとは言えない。

あるプランに全力を投入するためには、どのような結果にも対処できると思えることが必要である。つまり、結果を全面的に受け入れる心の準備が求められる。そのためには、意図したショットをできるだけ鮮明にイメージし、できるだけ落ち着いてショットに臨むことが大切だ。そして、ベーコンとタマゴの朝食に見るブタの姿勢が示すように〝体を張り〟、全身全霊を打ち込んでショットするのだ。意図したショットにここまで入れ込めば、体と心が協調して機能する感じがつかめるし、雑念にほとんど煩わされることなくクラブを伸び伸びと振ることができる。

私の生徒の一人が、あるとき練習グリーン上でこう言った。「パッティングのコツがわかったような気がします。いったんラインを読んだら、何がなんでも自分の読みを信じてパットすることです」。そう言ったあと、この生徒は左から右に切れる五メートルのダウンヒル・パットを読んだとおりのラインの上を転がし、ど真ん中からカップインさせたのだった。

これはど入れ込んでも期待どおりの結果が必ずしも約束されるわけではないが、イメージしたショットを実現させる最大限の可能性は生まれる。自分の決断を心から信じることができれば、スウィングがもたらすあらゆる結果をあらかじめ受け入れることができる。もちろん、われわれは人間であってロボットではないから、最高に熟練したゴルファーにもスウィングに多少のばらつきは生まれる。そう思えば安心できるし、われわれ自身のスウィングのばらつきも許せるのである。

ゴルフは確率のゲームだから、ショットの結果に甘んじる心構えをあらかじめ持っておくことが大切だ。あのベン・ホーガンですら、意図したとおりのショットは一ラウンドで数えるほどしか出ないと感じていたのである。だから一流のプロ選手は、優勝者は他の競技者より〝よりケガの少ないミスショット〟が打てたから勝つ場合がしばしばあると言う。ミスショットを重ねても、それが安全なミスショットなら好スコアで上がれる。しかし、自分の選択が正しいと心底から信じてショットしなければ、〝いいミスショット〟は決して出ない。結果を受け入れようとせず、完璧ではなかったショットに苛立つなら、次のショットに入れ込むことが、それだけ難しくなる。

このような取り組み方は、決してゴルファーの楽観を損なうものではない。ショットの前は、結果を一〇〇パーセント楽観して全身全霊で立ち向かい、結果は否定できない現実として一〇〇パーセント受け入れること。そして、自分を許し、労《いたわ》ることが肝要なのである。

恐れを捨て、好奇心を持て

以下に引用するのは、私が敬愛する友人、ピーマ・チョドロン女史が自著『思いやりのある生き方の勧め　手近なことから始める』で述べていることだが、一九〇〇年代初頭の南カリフォルニアで実際に起こった話である。

イシという名のアメリカ先住民がいた。自分の種族で唯一の生き残りで、沖合の島にしばらく身を隠していたが、発見され、近くの大学で教鞭を執る民族学者のもとに連れていかれた。学者はイシと仲よくなり、彼の面倒を見ることになった。学者はイシの種族と彼らの生き方についてできるだけ多くの知識を吸収する一方で、英語と現代社会に関する多くのことを最後の先住民に教えた。

ある日学者は、イシをサン・フランシスコに連れていこうと思った。二人は汽車に乗るため、何人かの友人たちと一緒に駅にいった。列車がホームに入ると、イシは車両の後部にそっと忍び寄った。列車に乗り込む途中で、仲間は車両をしきりに覗き込んでいるイシの姿をみつけて、早く来るように手招きした。イシはゆっくりやって来て、仲間と一緒に車中に入った。

あとになって学者は、汽車の旅は面白かったかとイシに尋ねた。そのころの汽車は、黒煙を吐き出し、けたたましい音を立てた。だから、イシと彼の部族の皆は、汽車は地方を走り回って人間を食べる〝鉄のモンスター〟だと思っていた。しかし、汽車が怪物だと思っていたにもかかわらず、仲間が手招きしただけでイシが簡単に汽車に乗り込んできたことが、学者には意外だったのである。「よくそんな勇気があったね」と言うと、イシはこう答えた。「私は子供のころから、〝恐れを捨て、好奇心を持て〟と教えられてきましたから」。

新しいレベルの成功を求めて、ある障壁を突破しようとするとき、われわれはあまりにも頻繁に、恐怖心にとりつかれる。失敗を恐れることも、成功を恐れることもある。ベストを尽くしても結果が不成功に終われば、意気消沈することもあるし、最大限の努力を払っただけでは不十分だと思うこともある。そうした失敗への恐れに屈すると、われわれはあとで落胆しなくて済む方法を巧みに見つけることによって、全力でラウンドに臨まなくなる。そのため、勝てるチャンスをみすみす潰してしまうのである。

一方、成功に対する恐れを生むのは、成功したあとで仲間から寄せられるであろう期待の予測と、そうした期待に応えられなかった場合に面子を失うことに対する不安である。この場合も、われわれはしばしば、予想される不安を解消するために、なんとかして成功しない方法を見つけようとする。

しかしわれわれは、勇気ある先住民、イシのように、どのような状況に直面しても、将来に対してオープンで好奇心に満ちた姿勢を取ることができる。そのようにして難関と向き合えば、恐怖心は克服できるし、本当に成功する機会が到来する。「人生はカメのごとし」と古人は言った。頭を甲羅から突き出して行動しなければ、何も達成されないという意味である。

しかし、準備態勢がきちんと整っていない状態で未知の将来に足を踏み入れれば、マイナスの影響が出ることがある。ここで肝心なのは、あらゆる結果をあらかじめ受け入れる心だ。よきにせよ悪しきにせよ。あらゆる結果を前もって是認しておいてから、最善の選択を行なう心構えが必要なのである。

たとえば、深いバンカーのすぐ側にあるピンを狙う場合は、ショートパットでバーディーが取れる可能性と隣り合わせで、バンカーにつかまるリスクがあることを、当然のこととして受け入れておかなければならない。

納得ずくでショットしないと、思い通りの結果が出なかった場合の失望と挫折感のせいで、事態はますます悪くなる。マスターズ選手権とPGA選手権の覇者ジャッキー・バーク・ジュニアはこう言っている。「最初から苦労することを覚悟しておいたほうがいい」。

最高のスウィングをするように努め、結果には謙虚に対応すべきである。結果をあらかじめ受け入れるということは、つまり、待ち構えているあらゆる状況にまともに対応する心構えを持つということである。そうすれば、期待外れの結果に対する恐れは少なくなり、伸び伸びしたスウィングを妨げる要素は減る。それはつまり、好結果の確率が上がることを意味するのだ。

苦労する可能性があることをあらかじめ認識していれば、実際には、思っていたよりはるかに苦労せずにプレーできるのである。

ゴルフにコミットできるか

物事に全身全霊で取り組む姿勢は、人間の本質の一部である。人は生来、何かに傾倒する力を持っている。その意味で、これは人間の基本的な美徳の一面であり、自分の行動に対する無限の自信を表す。傾倒することとは、体のあらゆる部分が同じ目標の達成のために動く程度、と定義してもよいと思う。

全英女子オープン選手権を二度制覇したデビー・マッシーは、ゴルフにコミットすることは、本来、馬術の競技で騎手が愛馬をフェンス越しにジャンプさせるときと同じようなものだと見て、次のように語っている。

「乗馬で最初にフェンスを越えなければならないのは、馬ではなくて騎手の心臓である。ゴルフでは、プレーヤーは難しいショットに果敢に挑み、プレーに没頭し、自信を持って全身全霊を注ぎ込まなければならない。ゴルファーは、ボールの前に決然と立ち、ショットに全力でコミットすべきである。ミスショットが出れば、手痛い結果が控えている。だがこれは、可能なことはすべて行なった結果として甘んじなければならないのだ」。（注　モナ・ボルド著『女子ゴルフの賢者たちの人生と教え』より引用）

あるとき私は、「ゴルフの場合、コミットの仕方をどうやって生徒に教えるのですか」と聞かれたことがある。物事に心底傾倒する姿勢は人によって異なる生得の資質だから、他人が教えられるものではない。それは、人間のあらゆる行動のごく自然な

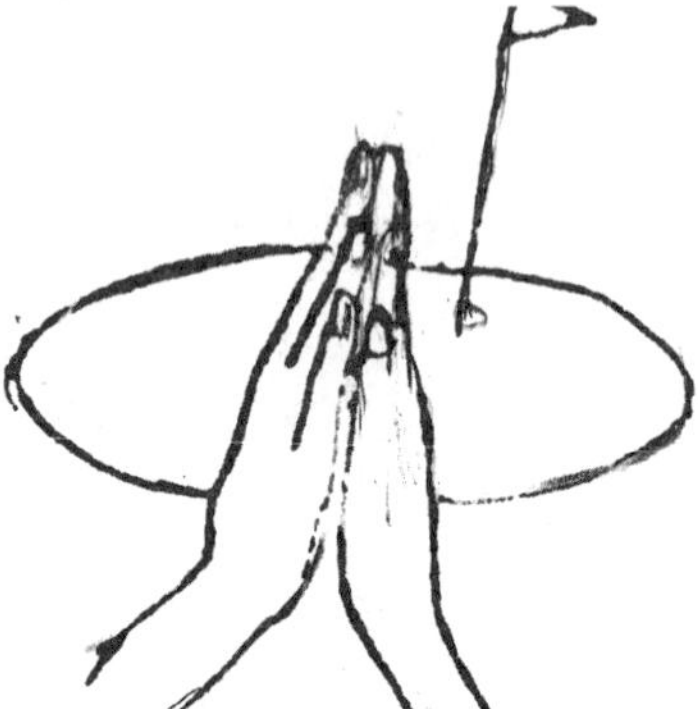

一部であり、心と体は、障害になるものがない場合に同じ目標に向かって協調し合う。だが、さまざまな要素がそれを妨げる。私のようなインストラクターが教えることができるのは、そうした障害を排除する方法である。つまり、騎手の心臓が馬より先にフェンスを飛び越す邪魔をしているものが何であっても、それを取り除く方法を教えることである。

最大の障害は予期せぬ結果に対する恐れだが、これこそまさしくゴルフにコミットする姿勢がないから起こる感情である。あらゆる状況下でショットが生むすべての結果を受け入れる心の準備さえできていれば、恐怖に付随して生ずる障害は排除される。

リカバリー・ショットを打つ技術を身につけていれば、ショットの結果に広範囲で自信を持って対処できる。だから、恐怖を減じる一つの方法は、トラブルからの脱出に役立つショート・ゲームやその他のショットに磨きをかけることである。

ゴルフでは、結果を謙虚に受け入れることが肝要だ。あらゆるショットに備える際に、すべての選択肢を吟味し、最小限のリスクで最大限の効果を上げる戦略を立てるように努めてほしい。広い心を持ち、最悪の結果が出たとしてもそれは世界の終焉を意味するものでは決してないこと、そして、意図したショットは、過去に何回も成功したショットであることを再認識することが必要だ（もし過去において成功していないとしたら、別の戦略を考えること)。

そしてショットに入る前に、信念を持って打つショットは、迷いながら打つショットよりはるかによい結果を出してくれるということを、自分自身にもう一度だけ言い聞かせてほしい。迷いは、混乱や不安、あるいはその両方を生む。逆に、信念は安心感と心の平静を生み、迷わず伸び伸びとスウィングする原動力になる。

恐怖によって作り出される障害物が除去されると、意図した行動に対して本来あるべき、ひたむきな取り組みの姿勢が整う。そうなれば、全力でショットに取り組めるわけである。

仏教の世界では、古くから次のような見方が比喩的になされてきた。それは、曇りの日でも、太陽自体は不在ではないというものだ。太陽は雲に遮られているだけで、同じ場所にいるのにわれわれには見えないだけの話である。だから、太陽の光を浴びるために、雲の手前にもう一つの太陽を作り出す必要はない。雲に谷間ができれば、太陽は必ずそこから顔を出して、ふたたびさん然と輝く。同じように、ショットにコミットする姿勢もわれわれはあえて作り出す必要はないし、その実践の仕方も教えてもらうべきものでもないのだ。恐れと迷いと躊躇の雲を取り除けば、ショットにコミットするわれわれの生来の姿は、輝ける太陽のようにただちに蘇るのである。

〝取り敢えずショット〟は禁物

セットアップしたが、何となくしっくりしないことがある。何かが正しく行なわれていないことを漠然と感じたり、どこかが間違っていることはわかっていても、それを強いて直そうとしないでスウィングしてしまう場合がある。

いずれの場合も、〝取り敢えず〟打っておこうということになるが、結果はおおかた嘆かわしい。このようなショットを、私は〝取り敢えずショット〟と呼んでいる。ショットを振り返って「もっと別の打ち方があったのに」と反省するのは、いつも〝取り敢えずショット〟を打ったあとだ。この種のショットを避けることができたら、いったい何ストロークくらいセーブできたか考えてほしい。

〝取り敢えずショット〟を避ける第一のステップは、そのようなショットをしたことを認識することだ。このようなショットをする場合はいろいろある。その一つは、ゴルフ・カートを使ってプレーするときによく起こる。カートから降りて、グリーン奥にあるボールの位置までいってから……あるいは、専用道路にカートを止めてフェアウェイの奥に向かい、ボールの地点までいってから……クラブの選択を誤ったことに気付いたとする。そんなとき、おおかたのゴルファーはカートまで戻ろうとしないで、取り敢えず、持っているクラブで打っておこうと思ってしまうのである。

もう一つの〝取り敢えずショット〟の典型は、クラブの番手の選択に迷うときに起こる。たとえば、ふだんどおりの距離が出るとしたら、7番アイアンでは小さ過ぎて、6番アイアンでは大き過ぎる場合がそれだ。7番アイアンを持ってアドレスに入ると、これでは小さいのではないかという不安が心をかすめる。だが、6番アイアンに持ち替えると、今度は大き過ぎるのではないかと不安になる。確信を持ってクラブを選ばないと、〝取り敢えずショット〟が出るセットアップになってしまう。意図したショットのあらゆる部分（クラブ、ライン、イメージするショットの軌跡を含む）に違和感を持ったままボールを打てば、結果はほぼ確実に不出来な〝取り敢えずショット〟になる。

本当に確信を持ってショットできる状態に入る前にスウィングすれば、結果はいつも知れている。セットアップの際のゴルファーの心理は複雑だ。これから打つショットのプランは立てたものの、それでいいのか自信がない。あるいは、新しいプランに変えたが、どうも安心できない。また、ボールのすぐ手前にディボットがあったり、木の根がスタンスの邪魔をしていたり、ボールのすぐ手前に木の葉があったりして、気が散る。あるいは、後ろの組がフェアウェイで待っているため、落ち着いてパットできない。アドレスで、何かがどうもしっくりこないと感じているのに、原因がわからない……。いずれの場合も、準備が完了する前に行動を起こせば、お粗末な結果が出るのはわかり切ったことだ。

アドレスでは、その他多くの〝取り敢えずショット〟の原因が首をもたげる。スタンスはボールから遠過ぎないか、あるいは近過ぎないか。ティアップは高過ぎないか、低過ぎないか。狙いは右過ぎないか、左過ぎないか。パット・ラインの切れを読み過ぎてはいないか、読み足りなくはないか。アップヒル、ダウンヒル、あるいはサイドヒルの影響の程度がよくわからない……。これ以外にも、原因はまだたくさんリストアップできるはずだが、いずれにせよ、どこか変だと思いながらスウィングすれば、必ず中途半端なショットしか出ないことを、記憶に止めておいてほしい。

なぜ、われわれは、何かがどこかおかしいと思っても、〝取り敢えず〟ボールを打ってしまうのだろうか。前述のゴルフ・カートの場合は、カートまで戻るのが面倒なこと、仲間を待たせたくないこと、別のクラブを取りに戻る体たらくを人目に晒したくないこと、などの理由が絡み合っておそらくそうするのだろう。ティグラウンドでは、ティアップし直すのを恥ずかしいことだと考え、仲間が痺れを切らして待っているだろうなどと勝手に想像してしまい、いったんボールから離れて、改めてスタンスを取ろうとしない。ティショットもトラブル・ショットも不安だから、われわれはなるべく早く済ませてしまいたいと思うのである。

われわれは、準備が完全に整っていないにもかかわらず行動を起こすことを、以上のような理由のせいだと言って正当化する。そして、「スウィング中に調整できる」などと呟くのである。あるいは、もっと巧妙に、そのような状態はむしろ歓迎すべきだと思い込んでしまう。「ボールから少し遠くに立ち過ぎているような感じがするな。いや、このショットの場合は、このスタンスでいい。これだったら、インサイド・アウトに打てるからな。よしよし、正直言って、いい感じがしてきたぞ。オーケー、これでいこう」といった具合である。

だが、いくらそのように思い込んでも、残念ながら結果はいつも〝取り敢えずショット〟でしかない。スウィングの直前に自問自答していることに気がついたら、これはトラブル発生を報せる明らかな危険信号だと考えて間違いない。

中途半端なショットを防止する最後のステップは、〝取り敢えず打つ〟習慣は変えることが可能である点を認識することだ。あとで紹介する「器の中の小石」（232ページ）のエピソードには、これを含む多くの習慣を変える簡単で効果的なテクニックが記されているが、基本的な対処法は次のとおりだ。

〝取り敢えずショット〟を打ってしまっても、自己の価値判断や自己批判をしないで、そのようなショットをしたことを謙虚に認めてスコアカードにチェックマークを記入し、それ以上深追いしない。そうしていれば、そのようなショットをしようとしている自分に追い追い気付いて、目の前のショットに集中し直し、はるかによい結果が出せるようになるのである。

気楽に構えること

不慣れなスタンスやショットに不安を感じるのは当然だ。不安はわれわれの集中力を乱し、雑念を生む。そのような場合、〝取り敢えず〟行動せずに、気楽に事態に対処する方法がある。

まず、クラブを選び、意図したスタンスを取る。何回かワッグルして、その地点で実際にスウィングする際の感じをつかむ。体をそのスタンスに慣らすことが肝心だ。まったく新しい、異質のことにできるだけ気楽に対応するためには、なるべく早くそれに馴染むことだ。そのスタンスに馴染んだら、〝このショットを打つときの感じはこうだ〟と、自分自身に語りかけてもいいだろう。そのあと、アドレスに入り、いつものようなショット前のルーティンを行なう。できるだけ伸び伸びとショットするために必要なことはすべて行なった、という意識があれば、さらに自信に満ちたスウィングができるようになるのである。

波の下をくぐれ

ショットの直前にゴルファーの頭をよぎるさまざまな雑念にうまく対処するためには、サーフィンから得るヒントが役に立つだろう。波乗りに必要な波が発生する地点に達するためには、まず、襲いかかってくる大波を越えなければならない。しかし、波に直接挑めば、無駄な力とエネルギーを使うことになるし、おおかたのサーファーは押し戻されてしまう。波の向こうに出るためにもっとも易しい方法は、波の下をくぐることだ。そうすれば、波はサーファーのはるか頭上で砕ける。海底は、渦が荒れ狂う海面とは対照的に、驚くほど穏やかだ。そしてサーファーは、砕け散る波の衝撃を巧みに避けて、波の向こうで楽々と浮上できるのである。

人間の考えにも、同じ原則が適用される。われわれゴルファーは皆、目先のこと（つまり、たった一つのターゲットを目指して伸び伸びした、流れるようなスウィングをすること）に集中するのを妨げる、さまざまな雑念から解放されたいと願っている。だが、心の中の雑念と格闘しなければならないとしたら、十分に集中してショットすることはできない。では、ゴルファーはどうすれば、〝波の下をくぐる〞ことができるのだろうか。

まず第一に、われわれが考えるさまざまなことを、心の海で騒ぐ波とみなすことが必要だ。自分の思考の内容にとらわれることなく、考えていることをある程度傍観するためには、少しばかり訓練が必要だ。つまり、思考を海底に潜った自分の頭上を通過していく波とみなし、それを可能な限り傍観するように努めるのである。そして、アドレスしたら、思考の波の下をくぐっている自分を感じる訓練をする。サーファーが海面で荒れ狂う渦のはるか下で体感する、静かな世界に思いを巡らせながらターゲットに集中すれば、自然なスウィングができるのである。

沈着の勧め

ショットに備える際に極めて重要な一側面は、体の緊張をほぐすことだ。筋肉を極度に緊張させれば、力強い、流れるようなスウィングの妨げになる。スウィング中に正しい姿勢でクラブを握るためにはある程度の緊張は必要だが、必要以上に緊張すると滑らかなスウィングはできなくなる。

過度の緊張がゴルフに及ぼす影響は、どこでも簡単に実証できる。取り敢えず、パターを持ってセットアップの姿勢を取り、体の各部……つまり、手、腕、肩、腹部……の筋肉の緊張をできるだけほぐしてみよう。そして、超ロングパットのときの大きな振り子運動でストロークしてみる。このストロークを前後に数回繰り返す。この際、パターヘッドが滑らかに動くことに注目してほしい。

次に、肩、手、腹部の筋肉を緊張させる。そして、ふたたびパターを振って、前と同じストロークをしてみる。この場合、特にフォロースルーでストロークが非常に短くなることに気付くはずだ。筋肉の緊張が、滑らかなパッティングのストロークを妨害するわけだが、他のあらゆるスウィングでも同じ結果が生ずる。「ゴルフは、リラックスするためにやるものではなくて、リラックスしてやるものだ」と言われる所以《ゆえん》である。

過度な緊張をほぐす最初のステップは、体のどの部分にどれくらいの緊張が生じているか認識することだ。次に挙げるエクササイズは、緊張を識別する手段と、無理なくほぐすテクニックを示す。

ボディ・スキャン

〝ボディ・スキャン〟とは、体内に残っている緊張を認識する能力を高める練習である。これはしばしば、床に仰向けに寝て行なう（途中で寝入ってしまうことがある）が、椅子に座ってもよい。最終的には、短縮したバージョンをゴルフコースで立ったままでこなせるようになる。

まず、体の各部に注意を払い、それぞれの部位が感じる緊張の程度を察知する。頭の天辺から始め、頭皮、顔面、顎、そして首に注意する。そのあと、胴体に注意を向け、胸部、背部、腹部、腰、下腹部、骨盤など、体の各部の緊張度をチェックする。そのあと脚に移り、太股、膝、ふくらはぎ、足、そして足指が緊張しているかどうか点検する。

これを最初に行なう際に、人間の体は何もしなくても緊張することに気付いてほしい。自然な姿勢を保つのに必要な緊張は、不必要な緊張とは別物であることを認識する。これはゴルフにおいて極めて重要な差異だ。前述したように、体の姿勢を一定に保ちながらクラブを握っているためには、ある程度の緊張は必要だ。しかし、それ以上の緊張は、流れるようなスウィングの邪魔になる。

人によっては、〝ボディ・スキャン〟を行なって体が緊張していることを認識するだけで、余分な緊張をある程度解消できる。もし望むなら、緊張をさらに和らげるテクニックが利用できる。もう一度、頭の天辺から足指の先まで……あるいはその逆の順序で……スキャンを行ない、今度は過度の緊張が感じられる部分に神経を集中する。そして、緊張が認識の光を浴びてまるで朝日の中の雪片のように解けていく状態をイメージするのである。最後にもう一度、意識の上で体をスキャンして、緊張がしつこく残っている箇所まで来たら、その部分を通して息を吐き出し、そのたびに緊張が体外に排出されているイメージを心に描くのである。

ボディ・スキャンの練習をするとき、最初の数回はゆっくり行なうことによって体の各部に意識がきちんと行き届くようにしてほしい。この練習に慣れてくれば、もう少し早くやっていい。そのうちに、緊張を認識すること自体が緊張の緩和につながることを直感的に察知できるようになり、短時間のスキャンで多くの不要な緊張を取り除くことができるようになる。

ここで、コースに出た場合のボディ・スキャンのやり方に触れておこう。練習ラウンドでは、毎回ショットする前に手短にスキャンを行なう。つまり、どのような状況で、他の場合より緊張が高まるかチェックするのだ。たとえば、1番ティ、大叩きしたホールの直後のティショット、ハザードの中からのショットなどがそれだ。体のどの部分が一番緊張するか、注意して観察すること。もっとも一般的に緊張が生ずる箇所は、顎、肩の上部（マッサージ師に、凝っていますねと指摘される部分）、手、下腹部などだ。自分の体の癖を知ることによって、ラウンドのどの辺で緊張を〝スキャン〟すべきか、そして、緊張が自分の体のどの部分で起こっているかがわかってくる。そのあと、ここに挙げた緊張緩和のテクニックを使って、ショットを打つ前に緊張を可能な限り取り除けばいいのである。

直感を大切に

難しいリカバリー・ショットに直面すると、われわれはとりわけ、〝取り敢えずショット〟をしがちである。しかし、過ちに過ちを重ねるのを避ける方法がある。セットアップしてショットの体勢を取ったら、心のチャンネルを体に合わせてみるのだ。そして、前述のボディ・スキャンのテクニックを使って、その状態で感じる安心度をチェックする。そうすれば、意図したショットが難しいかどうかを、直感的に感じ取ることができるのである。いい結果が出る可能性が少ないと感じたら、プランを変える。成功の確率が少しでも上がれば、気が楽になって体の緊張がほぐれる。不安がより少ないショットを選択し、スコアを縮めるように努めてほしい。

「〝取り敢えずショット〟は禁物」の項（97ページ）で私は、隣り合わせの番手のクラブの選択の難しさに触れた。この場合も、大切なのは直感を信じることだ。それぞれのクラブを握ってアドレスに入り、体の緊張度を比較してみる。一方のクラブでは不安でも、もう一本のほうは少しでも多く安心感を与えてくれるかどうか、比較してみる。直感に頼れば、どちらのクラブのほうがより安心して振れるか、必ず体が教えてくれるものだ。直感を信じ、肉体的にも精神的にも楽だと感じるクラブを選んでほしい。

後ろの組が待っていると、急かされているように感じてショットに集中できないかもしれない。その場合は、前の組のプレーが遅いのに、自分がその責任を取らなければならないと思ってはいないか、あるいは自分の組の誰かのプレーが実際に遅いかどうか、冷静に判断すべきだ。後ろの組のことしか考えないで、せっかちにルーティンを行なうことは、災難の処方箋を書くのと同じことだ（遅い組を通り越してプレーするとき、急いでいこうとするため、その組が見守る中で最悪のショットをしてしまうことが多いのは、ご承知のとおりである）。

もし、前の組に待たされたら、後ろの組に状況を説明する機会を見つけること。そうすれば、気持ちがずっと楽になる。最後に、そのような状況下で急いでプレーすることを避けるためのヒントを記しておく。

それは、パッティングに数秒よけいに時間がかかったとしても、それに要する時間は、ファースト・パットを外して、セカンド・パットやリード・パットをした場合にかけなければならない時間より、はるかに短いということを覚えておくことだ。同じように、ティショットの準備のために費やす余分な数秒間は、林の中でボールを探すことに比べれば、問題にならないほど短い時間なのである。

重心の位置はどこ

武術や、東洋の伝統であるその他の体と心の鍛錬術においては、体の重心は、すべての動きとエネルギーの源と考えられている。重心は、へそから数センチほど下の、胴体の中央部にある。この部分は日本の武道では「腹」と呼ばれ、中国の太極拳では〝タンデェン（丹田）〟、チベットのヨガでは〝チョジュン〟と呼ばれている。いずれの場合も、修行者は〝臍下《せいか》丹田《たんでん》〟に意識を集中させるように指導される。

この重心を意識することは、ゴルフに非常に役に立つ。バックスウィングでターゲットに背を向けて体を正しく回すとき、われわれは重心を中心に体をねじっている。切り返しのあと、コイルをほぐす際に重心はスウィングにパワーを与える源となる。正しいフィニッシュを取ったとき、体の重心は真っ直ぐターゲットに向いている。フイニッシュのテクニックに関する一般的なインストラクションは、「ベルトのバックルをターゲットに向けてフィニッシュすること」だ。ほとんどのゴルファーの場合、バックルの位置はへそから少し下に来る。

こう書くと驚かれるかもしれないが、われわれの精神状態は、そのときどきの体の重心の位置を変えるのである。人間の体と心は特殊な関係にあり、重心は意識が集中する箇所に向かって移動するのだ。緊張して、しきりにものを考え、頭の中であれこれ自問自答しながらショットに入ると、体の重心は頭の近くまで上がってしまうかのような状態になる。

考えていただきたい。仮に一〇キロもあるヘルメットを被っていたとしたら、安定したスウィングなどできるだろうか。スウェイしてバランスを崩し、体は前にのめってしまうに違いない。しかし、重心を体の中心に保ち、足で地面をしっかり踏み締めていれば、スウェイしたり突っ込んだりする可能性は小さい。

ここに挙げる簡単なエクササイズで、その違いを感じることができる。まずドライバーを持ったつもりでスタンスを取る。両手のひらを合わせて、へその数センチ下、つまり体の重心の前に置く。そして、ドライバーのスウィングと同じ動きで、テークバックと切り返し、フォロースルーを行ない、イメージしたターゲットに向かってフィニッシュに入る。これを数回繰り返し、スウィング中に体のバランスが非常に楽に取れることを感じてほしい。

次に、両手を後頭部に置く。そしてスウィングする動作を数回行なって、体のバランスを感じてみる。この姿勢だとバランスを崩さないでいることは難しく、簡単にスウェイしてしまうことに気付くだろう。両手を頭に当てることによって、重心は上にいってしまったからである。

さて、このエクササイズの後半では、意識を集中させる位置によって、重心が変わることを知ろう。これをやるには、友人の助けが必要だ。

両足を肩幅に開き、膝を少し曲げて立つ（つまり、きちんとしたアドレスの姿勢を取る）。胸と肩口に注意を向け、体重がおおかた上半身のその部分に上がっているものと考える。息を吐き出すとき、体の中で体重が肋骨のあたりまで下りていくのを感じること。次に息を吐き出して、今度は体重が腹部まで下がるのを感じる。そして、その次に吐く息では、体重が腰まで下がることを感じる。そしてさらに、次に息を吐くときは、体重がおおかた太股まで下がるのを感じてほしい。

この段階に達したら、友人に片方の肩の前の部分を軽く押してもらう（この際、後ろに危険なものがないかどうか確かめる)。肩はいくぶん後退するが、下半身はまったく動かないことがわかるに違いない。

次に、前回と同じスタンスを取って、今度は額に注意を集中し、顎を引き締め、肩と首をつなぐ筋肉を強張らせる。そうすると体重はおおかた肩と首と頭の部分に来ることになる。そして、友人に肩の前と同じ部分を同じように軽く押してもらう。力加減はまったく同じでも、前回はほとんど影響を受けなかった一押しで体はぐらついてひっくり返りそうになり、後退りしないとバランスは保てないのである。

もちろん、体重の配分が体の中で物理的に変わるわけはない。しかし、自分の心が作り出す重心の変化に応じて、明らかな物理的変化が生まれるのである。アドレスで顎と肩の筋肉を強張らせる一方で、心の中であれこれと自問自答を繰り返していると、まるで両手を頭に当ててスウィングする場合のように、重心の位置が高くなる。

スウィングにとって正しい重心を確保するためには、スタンスに入る直前にボールの後ろに立って大きく深呼吸して精神を統一してから、アドレスの姿勢を取るのが有効だ。ボールに向かって歩き出す前に、必ず息を完全に吐き出すこと。息を大きく吐き出していくとき、体の重心が腰より下に降りて、最大のパワーが出る部分に収まっていくイメージを心に描くようにつとめてほしい。

深呼吸を忘れずに

ここでは、エクササイズから始めよう。まず、ふつうのスタンスを取って、両目を閉じる。そこで数秒間、自分が恐れている状況、あるいはうまく対処しようとすると不安になるような状況を想定してみる。そして、呼吸をチェックする。深くゆったり呼吸しているだろうか。おそらく、そうではないだろう。ほとんどの人に聞くと、かろうじて呼吸している状態だと答える。呼吸をしてはいても、押さえ付けられたような、非常に浅い呼吸に過ぎない。

しかしこれは、自然な反応である。動物たちは危険を告げる音を聞くと瞬間的に身を凍らせ、近付いてくるものの音をさらによく聞こうとして呼吸を止める。同じように、われわれ人間も緊張を引き起こす状態を予期すると、体を強張らせるか、息を凝らすかする（このエクササイズが有効なのは、われわれの体は想像上の危険に対しても、それがまるで本物のように反応するからである）。

次に、ふたたびスタンスを取って両目を閉じ、吸う息と吐く息を均等にして、緩やかに深呼吸をする。息を吸うごとに、空気が体内にさらに深く入り込み、体に充満していくイメージを可能な限り心に描く。その後、心と体の状態をチェックしてみる。体は強張っているだろうか、そして心は不安で一杯だろうか。そうではないはずである。結果について尋ねると、ほとんどの人は、空気を体内に吸い込むイメージを抱くだけで、体は前よりもリラックスし、心はより平静になると答える。

要するに、緊張と深呼吸は相容れないのだ。体が緊張していれば、深呼吸はできない。深く呼吸すれば、緊張はほぐれる。ハーバート・ベンソン博士は、自著『リラクセーション反応』で、深呼吸をストレス解消の手段として紹介している。緊張を引き起こすような状況に直面したとき、(深呼吸のような)緊張緩和のためのテクニックを使うことによって、緊張とは異なった形で対応するように自分自身を鍛えることができる、と説いている。そして最終的には、ふつうなら緊張と不安を引き起こすような

●注　呼吸器系の疾患がある人たちは、ここに紹介するエクサリイズをする前に、専門医に相談していただきたい。

状況に、逆に、リラックスして落ち着いた対応ができるようになるのである。

呼吸の仕方

深呼吸することの意味を十分に理解している人は、ほとんどいない。観察していると、大半の人々は忙しげに息を吸い、吸うたびに肩が上がっている。これは、本当の深呼吸ではない。これでは、肺の上の部分にしか空気は入らないし、肩を上げれば筋肉は強張る。

本当の深呼吸は、胴体の奥深くまで空気を吸い込む運動であり、肺は奥底まで空気で満たされる。これを、腹式呼吸と呼ぶ人もいる。肺の底まで空気が充満すると横隔膜が圧迫され、腹部が前に出るからだ。浅い呼吸より深い呼吸のほうが好ましいが、それよりさらに深いのが本格的な深呼吸だ。われわれ人間は、概して体の前の部分に関心を持つ。目、鼻、口はそれぞれ顔の前の部分にあるし、耳の穴もほぼ前に向かって開いている。肘は自然に折れていて、われわれの手を前方に自由に動かして物を触ることを可能にしている。われわれの大半は、体の後ろ側より前側を意識しており、胴体の厚みに対する意識はほとんど持ち合わせていない。

本格的な深呼吸を体験するためには、背筋をきちんと伸ばして正座するか直立するかして、両目を閉じる。そして、ゆっくり静かに鼻で呼吸し、息がのどの奥の壁伝いに下がっていくのを感じる。次の数回の呼吸で、息が背中に入っていき、背中一杯に広がり、最後に尾骨に届くような感じを味わうように努める。背中を、空気を吹き込むことによって膨れ上がり、背中全体を均一の厚さで覆う、キャンプ用の薄手のエアマットと思うのだ。このように静かに深呼吸していると、肩甲骨は少し広がり、胸郭の後ろの部分も広がるのがわかるだろう。最後に、自分の吸う息が尾骨に向かって降りていく際、背中が〝大きく、長くなっていく〟ような気がしてくるはずだ。この感覚は、ゴルフのスタンスにとって非常に役に立つ。なぜなら、背中が少し広くなれば両腕はより自然に肩から垂れ下がるし、長くなった感じの背中は、実際に背筋が初めより真っ直ぐに伸びていることを示すからだ。

どのような状況下でも、できるだけ頻繁にこの呼吸法を練習してほしい。それがやがては、あなたのふつうの呼吸法になる。肺の機能を最大限に活用することは、好ましい恩恵をもたらす。最大限の量の酸素をまず血液に……そして血液を通して筋肉と脳に……送っているからだ。つまり、息を吸うたびに頭の働きもその分よくなるのである。

深呼吸の効用

緊張が生まれる状況にいながら、どの程度その影響を受けているか、ゴルファーがわかっていない場合がよくある。だから、難しいショットを打つ前に深呼吸で緊張をほぐすことを忘れないために、ショットごとにルーティン中に必ず深呼吸をすることを勧めたい。ショット前のルーティンは、ボールに向かって歩くことから始まるが、深呼吸することはボールに向かうステップの理想的な〝引き金〟となる。

まず、意図したショットのラインが真っ直ぐ見える位置で止まり、ボールの三、四メートル後ろに立つ。ショットのイメージを十分に心に描いたら、鼻孔を通して深く静かに息を吸い、鼻孔と口からゆっくり吐き出す。そして、息を十分に吐き出してから、ボールに向かって歩き始める。後述する「〝切り替え〟を万全に」（139ページ）の項で説明するが、スウィングのテンポはバックスウィングが始まるはるか以前に決まるのである。

ボールのほうに歩き始める前に完全に息を吐き出したかどうかを観察することによって、私は多くのゴルファーのショットの質を、極めて正確に言い当てることができる。息を十分に吐き出した場合、スウィングは大きくて滑らかだ。しかし、息を完全に吐き出さないうちに歩き出すゴルファーは、テークバックもトップにおける切り返しも、同じようにせっかちだ。そのようなゴルファーはふつう、こうして出たミスショットの原因を、「スウィングが早くなってしまったから」と解説するが、不幸にして、自分たちの動作が実はスウィングのはるか手前からすでに早くなっていることに気付いていない。

緊張とゆとりの関係を知る鍵は、体と心のフィードバックの輪を理解することにある。心は体の機能を司るばかりか、体からフィードバックを得ているのである。だからわれわれが実際の、あるいは想像上の危険に直面すると、心は体に緊張しろとの指令を送る。そして心は体をチェックして、まだ緊張が残っていればそれを認識し、〝危険はまだ去っていない〟ととらえる。しかし、深呼吸して体の中の緊張をほぐしてしまえば、心は体をチェックして緊張がほぐれたことを認識し、〝問題はすでに解決した〟と判断する。これは、深呼吸と緊張が本質的に相容れないものであることの、もう一つの証だ。

だから、1番ティでのティショットや池越えのショット、あるいは不安の原因となるどのようなショットに直面しても、決して深呼吸を怠らないことが肝心だ。

認識力の強化法

前のホールで犯したミスに拘泥し過ぎたり、ラウンド中に最終スコアを気にし始めたりするのは、意味のないことだ。心が過去あるいは将来に関するイメージで完全に満たされてしまうからだ。その結果、現時点でなすべきことに対する認識力が低下するから、ショットの前の判断ミスにつながるし、気が散ってスウィングに集中できなくなる。

われわれは、過去や将来に関わることに気を取られて、現在のことに気がつかないままに多くの時間を過ごしている。しかし、われわれには物事を認識する力が生来備わっているから、その気になれば現実の問題を直視することができないわけはない。

われわれの体験のあらゆる側面を認識する力は、練習によって開発し、強化していくことができる。認識力は、ちょうど使わない筋肉が萎縮していくように、ふだんから最大限に駆使していないと次第に鈍化していく。認識力を鋭敏にしておくためには、訓練が必要なのである。失いたくなかったら、使うことだ。

プラントや木を育てるときは、絶え間なく注意を注いでおくことが必要だ。同じように、認識力は定期的な練習を必要とする。本章を構成する四項は、認識力を高める訓練の主要素を解説するものである。

(1)「**席に着く**」の項は、この訓練が終わるまで読者を支える体の姿勢を解説するものだ。

(2)「**集中力を高めるには**」では、洞察力が認識力を高める基礎になることを立証する。

(3)「**現時点を生きる**」は、本章が説く訓練の主目的である認識力の強化の方法を披露する。

また、(4)「**包括的認識力の重要性**」は訓練の締め括りの項であり、読者の視野を広げ、広い心が体験できるように意図されている。

●注　私の瞑想の主要な教師だった、チベットの老師チョギャム・トゥルンパ師と一番弟子のオーセル・テンジン師は、認識力を高めるためには、洞察力と認識力を組み合わせて訓練することが重要である点を強調した。本著に記された訓練法はゴルフに適用するに十分であるが、仏教とシャンバラの伝統をさらに深く掘り下げたいと思う向きは、資格のある教師の個人的な指導を仰ぐことが重要だ。興味のある方は、下記に連絡されたい。www.ZenGolf.com

(1)席に着く

認識力を養うための最初のステップは、静かに座ることだ。自分が置かれた状況を正しく認識する力を強化しなければ、周りの喧騒はわれわれの心をいつまでも乱す。だから、シャンバラや武道の修行をする者にとっての基礎訓練は、正座して集中力と認識力を高める練習なのである。

まず手始めに、独りで静かに数分間座っていられる場所を探す。認識力を高める練習は、伝統的に、厚さ十数センチの堅いクッションに足を組んで座り、足を畳またはカーペットにつけた姿勢で行なわれてきた。だが、ふつうの椅子に座るほうがやりやすいかもしれない。椅子の中央に腰を下ろすが、背中は背もたれにつけない。足は床にぴったりつける。

この練習は、正しい姿勢で行なうことが必要だ。そうすれば、息が体内を自然に流れ、感覚は鋭敏になる。自分にとって最高の姿勢を取るためには、まず尾骨を下に下ろしていく意識で、腰を椅子またはクッションにしっかり据える。腰を下ろしたら、体がきちんと支えられている感じがなければならない。次に、後頭部の天辺から、体を緩やかに上方に伸ばしていく。この感じをつかむためには、後頭部に手を伸ばして毛髪を一束つかみ、緩やかに上に引いてやるようにしてもいい。体を上に伸ばすのと同時に、尾骨を下げて定位置に収めるためには、背骨を取り囲む胴体のあらゆる部分を、まるで脊柱から垂れ下がっている感じでリラックスさせる。

腕は肩から自然に真っ直ぐ垂らし、両手は手のひらを下にして太股に置く。顎の筋肉の緊張をほぐし、唇は閉じた状態にする。目は開いたままで視線を前方に向け、少し下のほうを見る。

これは多くの文化圏で、王や王妃の写真や像に見られるのと同じ姿勢だ。こうした姿勢は、ある点で、多くのチャンピオン・ゴルファーの姿勢にも見ることができる。つまりこれは、真の勇者の姿勢なのである。このような姿勢を取って正座するだけで、威厳と自信を感じ始めるのである。

「背筋を伸ばして座ることは、自分自身ばかりでなく、世界に対して、自分は勇者であり、本物の人間であることを宣言することなのだ」

――チョギャム・トゥルンパ師

自著『シャンバラ　勇者の聖なる道』より引用

(2)集中力を高めるには

認識力の対象は広い範囲に及ぶが、集中力は一つの対象に絞られる。認識力を養う基盤として、集中力を鍛えてほしい。

集中力と認識力を養う練習で重要なことは、われわれが体験するもののすべてについて、是非を論じたり、評価したり、価値判断を下したりせずに、あるがままの形で認めることである。これを、〝基礎認識〟という。言い換えれば、これは、われわれ自身がどのような形で存在しているかという点をまったく問題にしないで、単に存在しているという事実をそのまま受け入れることだ。

どのような思いや感覚や感情が心の中で湧き起こっても、それにあえて対応しようとせずに、ありのままの形で受け入れ、共存する練習が必要だ。何かに直面しても、逃げ出したり排除したりしようとしないで、心に湧いてくるさまざまな考えや感情を、共存し観察する対象とみなすのだ。このような形で感情と対峙できること自体が、すでにわれわれの勇気の発露なのである。

しかしこれは、初心者にとって決して易しいことではない。なぜなら、われわれはいつも何かを行ない、ぎりぎりまで時間を費やし、せっせと動き回って、楽しいときを過ごそうとしているからである。人は、いろいろなことをして忙しくしており、何もしないで時間を過ごす機会などまず持てないから、人間であることの定義は、「忙しくしていること」と同意であると解釈すべきなのかもしれない。何かをしていないと、われわれは退屈し、心はあてどなくさまよい始める。現時点の体験に注意を払いたくても、心は勝手にどこか別のところをさまよい始める。だからわれわれには、心の船を元の位置に引き戻す「錨」が必要であり、その役目を果たすのが、呼吸なのである。

呼吸に集中すれば

正しい姿勢で座ったら、呼吸に注意を向ける。呼吸に伴って腹部が収縮し、息が鼻腔を通して体内に出入りするのを感じる。この際、意識的に呼吸を操作しないことが大切だ。しかし、深くても浅くても、長くても短くても、先に述べた〝基礎認識〟の範囲で息の流れを感知することが大切である。何度か呼吸を繰り返したら、息を数えることを土台として集中力を養う訓練をしよう。

訓練は三段階だが、それぞれの段階で、声を出さずに頭の中で息を数えること。もし、別のことを考えてしまい、そのためいくつまで数えたか忘れてしまったら、最初から数え直す。そのうちに、何かの考えにとらわれていても息を自動的に数えられるようになっている自分に、気付くようになる。うまく数えられないということは、集中できていないということだ。それに気付いたら、初めから数え直してほしい。

第一段階　吐く息と吸う息を、それぞれ9まで数える。気を散らさないで9まで数えることができたら、今度は18まで数える。そして、最終的に72まで集中して数えられるようになるまで、毎回、数を9ずつ増やしていく。

第二段階　次に、吐く息だけを数える（吸って吐いて〝1〟、吸って吐いて〝2〟……といった具合だ）。初めは、集中して9まで数え、それができたら数を毎回9ずつ増やし、最後には集中して72まで数えられるように努める。

（注　すでに述べたことだが、呼吸器系の疾患のある読者は、この呼吸法を試みる前に専門医に相談して欲しい）

第三段階　同じように、吐く息だけを数える。しかし、ここでは9から逆に数える。集中して1まで数えたら、次に18から始めて1まで数え、最後には72から1まで集中して数えられるように訓練する。

集中力を高める練習をしたあとは、コースに出てそれを実践してみるといい。プレー中は、前の組に待たされることもしばしばあるだろうし、自分の組で最後にパットする場合もままあることだろう。そのようなときには、息を数えることが特に有効だ。

そうすることによって、たとえば、「前のホールみたいにスライスするだろうか」とか、「このパットを外したら、うちのチームは負けてしまうだろうか」といったような、通常は過去や目先のことの絡む雑念に煩わされずに、時間を費やすことができるのである。不安がなければ、当然のことながらわれわれはより気楽でいられる。そして、フェアウェイが空いたときも、パットする番がきたときも、より落ち着いた心境で現状を正しく認識し、目下の作業に集中できるのである。

歩くことに集中すれば

プレー中、もう一つの方法で集中力を高める練習をすることができる。ショットを打ち終えたら、次のショットに向かう間に体の各部の感じを意識してみるのである。特に、ステップを踏む際に両足と脚部が受ける感覚に注意する。歩きながら、大地の感触を下半身全体でつかむ。気が散ってフェアウェイの感じがつかめなくなったら、歩いていることを改めて意識する。そうすれば、ボールのある地点に着いたとき、両足が大地をしっかり踏み締めている感じを味わいながら、ショットを打つ作業に集中できる。

息を数えることと大地を踏み締めて歩くことに集中すれば、現時点に焦点を絞って自分が置かれた状況を認識する能力が高まる。つまり、認識力を養うために必要な、堅固な土台ができる。

(3)現時点を生きる

呼吸に集中する練習で得た体験は、認識力に転換できる。息を数える訓練のときと同じように、正しい姿勢を取り、腹部が収縮することと、息が鼻腔を通過することに注意する。そのあと数分間、息を数える練習を行なう。

しかし、認識力を強化する訓練を始めるときは、息は数えない。息を吐き出すとき、吐く息に従って意識を心の外に押し出してやるのだ。この場合も、呼吸を操作してはいけない。毎回、吐く息に〝乗って〟、意識が体の前に広がる空間に漂い出る感じを味わうように努める。つまり、呼吸と意識をできるだけ一体化させるのである。

息は、体の外に出る際に放散・溶解し、周りの空間に吸収される。同じように、息を吐き出すとき、意識を目の前の空間に向かって解き放ってやる。つまり、心と空間の融合を計るわけである。息を吐き終えた段階で、心は広がり、認識力は旺盛になっている。膨れ上がった心の広い空間で寛ぎ、現時点の自分を認識するだけでいい。息を吸い込むときは、特に意識して呼吸する必要はない。次に息を吐くとき、心と息を融合させ、体の外に広がる空間を認識すること。呼吸を、現時点に集中するためのチェックポイントとして使って、この練習を繰り返す。

思考と共存するために

「心を空っぽにしたい」と願うゴルファーは、認識力を高める練習の際に雑念が湧いてくるのを止めることができないことに、苛立ちを感じる場合がある。これは、自己の存在、澄んだ心、そして瞑想に関する一般的な誤解から生ずる感情である。つまり、瞑想の目的は、何も考えないことだと思い込んでいるから起こるのである。人は意識不明にでも陥らない限り、何も考えないでいることは不可能だ。人間の心の中身は自分が感知したものに対する認識であり、それが考えることである場合はしばしばある。認識力を高める訓練は、自分の心と思考を理解できるように意図されている。

前に述べたとおり、「われ、自らの思考にあらず」と考えると、心に湧き起こってくる考えにうまく対処できるようになる。何かの考えが心に湧いて来たら、それに拘泥せずに、できるだけ自由に心の中を去来させてやることが必要だ。まるで何かをただ見ているか聞いているだけといった気持ちで、何の評価もせずに単にその存在を認めてやる。心をよぎる思考に、いちいち同調したり入れ込んだりしないで、単なる傍観者の役割に徹することが肝心だ。

しかし、観察するだけにしようと思っても、ある段階で特定の考えが湧き、それが気になって集中できず、心と呼吸と空間を同化させる訓練に身が入らないことがある。ある考えにとらわれて連想が始まり、過去あるいは未来に思いが及んだら、出発点に戻って、呼吸と瞑想の姿勢にふたたび注意を払う。心の中で、〝自分はいま、ものを考えているのだ〟とか〝自分はいま、さまよいつつあるのだ〟などと考えるだけにして、集中して呼吸を数えていた自分に戻ること。そして、次に息を吐くとき、心と呼吸を同化させ、目の前に広がる空間に入り込むように努める。気が散った回数で自己評価しないようにすることが大切だ。心の中で起こったことはそのまま認め、注意をふたたび呼吸に向けるのである。

この練習を始める場合は、一度に数分間だけやること。慣れてきたら、練習時間を好きなだけ、少しずつ伸ばしていけばいい。

心と呼吸を空間に同化させる練習をする場合、自分の心が現在に集中できず、過去または未来の世界をさまよう傾向がどれほど強いか、そして自分が現時点で何を体験しているかについて、非常に明確に認識することになる。そのうちに、認識力は以前より安定し、継続性が出てくる。前より気が散らなくなるし、そうなると〝現在〟に立ち返ることがそれだけ楽になる。ゴルフコースにいても、あるいはその他のどのような場所にいても、〝現時点〟に踏みとどまることができればできるほど、自分の意図する物事をそれだけ効率よく実践できるのである。

(4)包括的認識力の重要性

包括的認識力を増す訓練は、集中力と認識力を高めるための瞑想の練習の最終段階である。最初の二段階では、正しい姿勢で座って、数分間呼吸を数え、そのあと、心と呼吸と空間を同化させることに大半の時間を使う。そして瞑想の練習の仕上げとして数分間行なうのが、包括的認識力の訓練である。

この訓練では、視線を上げて前方あるいは少し上を見る。息を吐くとき、意識を体から外に向かってあらゆる方向に広げる。まず最初に、意識が体を越えて、自分を取り囲む空間に広がっていくのを感じようと努める。何回も繰り返し息を吐く中で意識をさらに押し広げ、自分の前、後ろ、そして両側に広がっている部屋全体の空間を感知する。

そしてさらに、意識が自分が現在いる建物を越え、町や村の外れに達するのを感じるようにする。毎回、息を吐くとき、意識があらゆる方向にどんどん広がり、最後には水平線まで届くのを感じるように努めてほしい。
そして最後に、意識を水平線の向こうまで広げ、さらに大空、そしてその奥の宇宙に届かせるのだ。こうして完全にオープンになった心と意識が存続する限り、その感覚に安住すること。そのような心境は、不安や雑念と無縁であることに注目してほしい。

練習を積むことによって、何回か深呼吸するだけで、心が宇宙まで広がったような悠然とした気持ちになることができるようになる。ゴルフコースで（あるいは、その他のあらゆる場所で、事態が切迫した場合に）これができると、大変便利だ。人は人生のさまざまな場面で、ゴルフと同じように、緊張と不安がなければ最高の〝ショット〟ができる。たとえば、難しいティショットやショートパットを前にして自分の順番を待つとき、ボールをにらみ、雑念にとらわれて、心をどんどん小さくしていくのは得策ではない。逆に、空を見上げ、息を大きく吐き、認識の範囲を宇宙まで広げるのだ。そうしておけば、自分の番が来たとき、はるかに新鮮でオープンで落ち着いた心境でアドレスできるのである。

行動　ACTION

〝PAR〟戦略の第二ステップは、〝行動〟である。行動のための理想的な精神状態の下では、体と心が現在という時点において一つになり、自信と集中力に満ちて澱みなく機能する。そうすれば、雑念や「過度の分析による麻痺状態」に邪魔されることなく、ショットすることができる。ショットのコントロールは、考える心を切り替えて直感で体の機能を司る心に任せ、〝今〟に集中し、自分のスウィングを信じることが大切だ。覚えておかなければならないもっとも重要なことは、過程を大切にすれば、予期した結果は自ずと出るということである。

練習場から1番ティへ

「まったく苛々させられるよ。コースに出ると、なぜ、練習場と同じようなショットが打てないのだろう……」。この嘆きの言葉は、世界中のあらゆるレベルのゴルファーが直面するゴルフの難しさを、如実に言い表している。

練習場のように打てない理由はたくさんあるが、それぞれ、コースに出たときのわれわれの心理を示す。まず、目的から始めよう。ラウンド前に練習場でボールを打つとき、その目的は何なのか。一般的な目的は、その日の自分のスウィングに安心感を感じることだ。そのために、クラブを握ったときの感触を確かめたり、スウィング中に心がけたいポイントを再確認したりするのである。

しかし、いったんティグラウンドに上がると、目的はまったく変わってしまう。よい結果を出すことにすり替わってしまうのだ。ナイスショットをしたい、ミスを避けたい、見ている人々（それも、特に一緒に回る連中）によい印象を与えたい、などの願望を満たすことが新しい目的になる。目的がこのように変わってしまうから、1番テイのスウィングが練習場でのスウィングとはまったくの別物になっても、驚くに足りない。

もう一つ違う点は、結果に関わることだ。練習場では、思っている地点にボールが飛んでいかなくても、ペナルティは発生しない。別のボールを打ち直せばいいのだ。しかし、コースでは事情が違う。コースで同じ地点からボールを打ち直すのは、（ロストボールやOBの場合のように）ペナルティを科せられたときだけだ。ミスショットに対する不安は緊張を生む。もしかしたら自分自身あるいは仲間の期待に応えられないのではないかという不安は、練習場では感じなかった緊張感を高める。緊張はスウィングのテンポを乱し、体の自由な動きを妨げる。

練習場で、同じクラブで同じ地点からショットを繰り返した結果、〝これで納得した〟と感じても、必ずしも自分のスウィングを見つけたことにはならない。同じクラブで、特定の地点から繰り返しショットしている間に、スウィングを微妙に調整してナイスショットに結び付けている可能性がある。だから、異なった状況……特に1番

●注　ウォームアップでスウィングをいじらないこと。ラウンド後の練習のときか、あるいは翌日なら構わない。

ティ……に立ち至ると、そのように調整されたスウィングは役に立たない場合が出てくるのだ。

練習場で、われわれはしばしば、スウィング前に行なうべきルーティンを完全に行なおうとしない。無造作にセットアップして次々にボールを打つだけで、ふつうは特にターゲットを設定することもない。しかし、1番ティに立つと、状況はまったく違ってくる。ボールを打ちたい地点と方向が限定され、それを狙ってアドレスしなければならない。

これでは、スウィングの始動の仕方がまったく変わってくる。これらすべての理由から、少なくともウォームアップの最終段階で、別々のクラブを握って、特定のターゲットを設定して意図するショットのイメージをきちんと心に描いてスウィングのルーティンを行なうことは、気持ちを練習場からコースに切り替える最高の機会になる。また、1番ティを練習場とは異質のものにしている要素が理解できれば、練習場にいたときとまったく同じスウィングができなかったとしても納得できるし、完璧なショットが出なかったとしても、あまり苛立ちを感じないで済む。練習場でどんなに好調だったとしても、十分に時間をかけて心身両面のウォームアップを行なってからコースに出ることが大切だ。

ウィリーはツアーの常連で、自分のプレーを調整しようと願っていた。練習場でナイスショットを連発するウィリーの姿を見ていて、私はショットに問題はなさそうだと告げた。すると彼はこう言ったものである。「練習場でリズムをつかむのは簡単です。しかし、コースに出ると、そうはいきません」。

練習のあと、われわれは彼の過去のラウンドを分析してみた。彼のゲームには一定のパターンがあって、ラウンド開始後の数ホールでいくぶんつまずいたあとで、調子が出てくる場合が多いようだった。そこでわれわれは、ウィリーはいわゆる〝リズム・プレーヤー〟だという点で意見が一致し、コースに出る前に〝練習場のリズム〟から〝コースのリズム〟に切り替える方法を模索することにしたのだった。

練習場におけるスウィングのリズムは、同じクラブで、同じ地点から、しばしば同じターゲットを狙ってショットを連発することによって生まれる。だが、コースでは状況は一変し、同じクラブで同じ地点から二度続けてショットすることは、ほとんどない。だから、〝練習場のリズム〟から〝コースのリズム〟に切り替えるには、ある程度の時間が必要なのである。

大半のツアー選手は、ラウンドの前にほぼ同じような方法でウォームアップすることによって、フルスウィングに入っていく。まずウェッジから始めて、ショートアイアン、ロングアイアン、フェアウェイ・ウッドの順に番手を上げて、それぞれのクラブで何発かボールを打ち、最終的にドライバーを握る。その後、ウェッジでハーフショットを何発か打って、ウォームアップを終える。だが私はウィリーに、何か別のことをやってみてはどうかと提案した。つまり、ウォームアップの締め括りに、実際のホールをイメージして何発かショットしてはどうかと提案したのである。これは、読者にとっても役に立つトレーニングになるに違いない。

〝イメージ・ショット〟をするためには、まず、1番ホール（あるいは、別のホールであってもいい）を想定する。練習場に立ててある旗を、イメージ上のフェアウェイの境界線とみなす。ドライバーで実際にティショットしたら、グリーンまでの距離をイメージする。そして、練習場の奥にグリーンがあるものと考え、アイアンでその距離のアプローチショットをする。パー5のホールをイメージしてもいい。その場合は、（たとえば）3番ウッドでセカンド・ショットを打ち、そのあと（ピッチングまたはサンド）ウェッジでアプローチする。ショートホールをイメージした場合は、ティアップしてロングアイアンでショットする。

こうしてラウンド前のウォームアップを終えれば、1番ティにいくまでにすでに2、3ホールは実際にプレーしたような気持ちになれる。つまり、自分のスウィングがコースのリズムに切り替わったような気がしてくるのである。
ウィリーはいま、練習場で行なうウォームアップ中に〝何ホールかのプレー〟を取り入れており、プレー時のスウィング・リズムをつかんで1番ティに向かうようになった。その結果、最初の数ホールにおける彼のスコアは驚くほどよくなった。あるラウンドでは、最初の6ホールを連続バーディーで回っている。

〝切り替え〟を万全に

「何ごとにおいても、切り替えの時点では注意すべきである。現状が終焉し、次の状態が発生する前の、危険なときだからである。このような狭間では、気をつけていないと、事態を正しく認識する能力は簡単に喪失されてしまう。それは、戸口を通り抜けることに似ている。注意して通らないと、反対側に控えている混乱状態に身を晒すことになる。混乱を自ら招くことになるのだ」

――ヴァジラの評議員、オーセル・テンジン師

ゴルフ・スウィングとの関連で〝切り替え〟という言葉を使うとき、大半の人々はバックスウィングからダウンスウィングへの〝切り返し〟を思い浮かべる。しかし、スウィングには、それ以上ではなくてもそれと同じくらい重要な〝切り替え〟のポイントがいくつもあるのだ。

まず、当然のことながら、練習場から1番ティへの移動がある。そして、一つのショットを打ち終えてから、次のショットのプランを練り始めるまでの間隔がある。こうした〝切り替え〟では、仲間と話したり、ショットと無関係な雑念に惑わされたりしないで、スムーズに行なうことが大切である。一つのことをし終えたら、速やかにその場を離れ、次のことに集中してほしい。考慮すべき諸要素を検討してプランを立て、不安をかなぐり捨てて、プランの遂行に全力で取り組むことが大切だ。

次の〝切り替え〟はもっとも難しいものの一つである。つまり、心の中の、思考し意識する部分でプランを立てたら、ショットを実践するための管理面を、心の直感的で意識下の部分に委ねることだ。頭でプランを立て、心でプレーするとき、人は最高のゴルフをする。この〝切り替え〟を行なう際の成功への鍵は、次の二つだ。つまり、意図したショットのイメージを鮮烈に心に描くことと、体の緊張がほぐれ、体の重心の位置が徐々に下がっていくのを感じながら、落ち着くことである。そのためには、ボールに近付く直前に大きく深呼吸するといい。

スウィングのルーティン

ゴルフのスウィングはテークバックから始まるのではない。実は、ボールに歩み寄る準備ができた時点から始まるのである。だから私は、できるだけ、「ショット前のルーティン」とか、「スウィング前のルーティン」とか言わないようにしている。アドレスするためにボールに歩み寄る際のステップのテンポが、スウィングのテンポを決定する。落ち着くために、まず深呼吸をしっかり行なうことが、一つのショットから次のショットへの正しい切り替えにとって、不可欠である。深呼吸が終わらないうちにボールに向かって歩き始めると、体勢が整う前にテークバックを始めることになり、そのため、テークバックが完了する前にダウンスウィングが始まってしまう。

スタンスを取ったら、テークバックへの切り替えが始まる。この切り替えは、ゴルファーによって対処法が異なる。予想外に早く始める者もいれば、いったいいつになったら始めるのだろうかと思わせるくらい遅い者もいる。

では、ターゲットを最後に見たあと、何をすべきだろうか。この点に関するアドバイスはさまざまで、「じっくり構えるべきだ」という向きもあれば、「ボールを見直したら、できるだけ早く打つべきだ」という向きもある。ここで重要なことは、自分のテンポを崩してはならないということだ。テンポは人によって違う。自分のテンポを知っているのは、自分だけなのである。

ここでは、性急にことを行なってはいけない。しっかりしたセットアップの姿勢が取れて、雑念が心から消え去り、体の重心でスウィングできる準備が整ったと感じることが大切だ。ボールに歩み寄る前に深呼吸を完了するのと同じことで、テークバックを始める前にセットアップをきちんと完了することが大切だ。

この段階の切り替えで犯しやすいもう一つのミスは、時間をかけ過ぎることによって、体の運動の流れを断ち、緊張と不安を招いてしまうことだ。もし、なんらかの理由でアドレスに時間をかけ過ぎたと感じたら、野球の選手を見習うといい。バッターは、時間をかけて投球モーションに入るピッチャーと対面した場合、ある時点で待ちくたびれ、体の動きが止まってしまうことがある。そのような場合、タイムを取っていったんバッターボックスの外に出て、ふたたびふだんのルーティンを行なう。つまり、足場を固め、緊張をほぐし、体を思うように動かせる状態になって、ふたたびバッティングの姿勢に入るのである。

ゴルファーも、ヒットアップ中に体の動きが止まってしまったと感じたら、〝バッターボックス〟から出るべきである。そして、〝タイム〟を取って、ルーティンをやり直すこと。ボールの後ろに立ってターゲットを見直してから、ふたたびアドレスの姿勢に入る。史上有数のチャンピオンだったビリー・キャスパーの場合は極端で、いったんクラブをバッグに戻して、そこから改めてルーティンをやり直した（ウィークエンド・ゴルファーにそこまでしろとは言わない。ルーティンを正しく行なうことは大切だが、プレーが遅くなって仲間や後続のグループを必要以上に待たせてはならないからだ）。

切り替えのポイントの影響は、パッティングでもっとも顕著だ。パッティングに苦しんでいるゴルファーは、ときおり、手が凍り付いたように動かなくなり、パットが打てなくなってしまう。カップに向かってうまくストロークできないのではないかという不安に駆られて、パターヘッドを後ろに引けなくなる（ご存じの〝イップス〟である）。

これは、これから起こること……つまり、結果……にこだわり過ぎることによって生じる現象だ。このような事態に対処する方法は、自分の意図を達成する可能性がもっとも高い、ゆっくりしたテンポのルーティンを編み出して、きちんと守ることである。ルーティンに全面的に集中すれば、あらゆる局面における切り替えが、結果を過度に心配することによって損なわれる可能性は激減する。

トップでの切り替え、つまりテークバックからダウンスウィングへの切り返しは、インパクトにおけるボールのとらえ方をおおかた決定づける。しかし、トップにおける切り返しは、大半のゴルファーがスウィングの最中に調節できるような代物ではない。テンポはスウィングの初期の段階で決まるから、トップまでのルーティンを行なう中で、正しい動きのリハーサルを何回か行なうことによって、切り返しを大切にするしかない。

次の切り替えは、スウィングの最終段階で起こる。フィニッシュでわれわれは、役者から傍観者に、あるいはときには評論家、それもほとんどの場合は辛口の批評家に変身する。しかし手短に言えば、この切り替えでは本来、より多くを認識し、判断することはできるだけ避けることが求められる。ここでは、悪い結果を嘆くことより、よい結果をさらに高く評価することが大切なのだ。だが、実際には逆のことをするゴルファーがほとんどだ。われわれは、ドライバーでナイスショットをしても、それを当然視し、フェアウェイを外すと動揺する。スウィングが終わってフェアウェイに向かって歩き始めるときの気持ちの切り替えがうまくいけば、あとのショットにとって好ましい行動のパターンが生まれるのである。

最後の切り替えは、ショットとショットの合間に費やす時間への対応である。この切り替えを正しく行なうということは、「済んだことは忘れるが、目先の事態に性急に突入しない」ということを意味する。「過去は歴史、未来はミステリー。この瞬間を生きることは、神様の贈物である。だから、現在は〝プレゼント〟(present)と呼ばれる」という言葉がある。コースを回るときは、ショットからショットへ歩くときも、ホールからホールへ移動するときも、あらゆる状況下で花の匂いを嗅ぐ心のゆとりを忘れてはならない。なぜなら、われわれが自然の飾らぬ美しさと一休感を味わい、生きていることを心から有り難いと思えるのは、現時点だけのことだからである。

体と心の一体化

体と心がスウィングのために一体化すると、それぞれの目的と存在理由と焦点が一つになる。両者は、同じ場所で同じ時間に一つのユニットとして機能する。体を過去に送り返したり、未来に送り込むことができるだろうか。それを可能にするようなタイムマシーンはあるのだろうか。もちろん、答えは〝ノー〟である。われわれの体は、現在という時点でしか存在も機能もし得ない。では、心を過去に戻したり、未来に送り込んだりすることはできるだろうか。もちろん、できる（事実、われわれは過去に起こったこと、または未来に起こるであろうことを考えることに、日常の大半の時間を過ごしている）。しかし、心は現在という時点でも機能し得る。そして、心が〝現在〟にあって初めて、われわれの体と心は一体化するのである。

もう少し考えてみよう。心は現在にあっても、体と同じ場所にいるのだろうか。われわれのほとんどは、あるホールで最後にパットすることになって、振り返ったら後ろのフォアサムが待っているのが見えた経験があるに違いない。もし、そのような状況でパットを外したとしたら、それは体はグリーン上にあっても、心はフェアウェイにいる後ろの組と一緒にいたことが原因である。心が〝体の中〟以外の場所にあったとしたら、体と心は噛み合わない。これは、コースで行なうすべてのスウィングと、人生行路のあらゆる状況下で人が行なう行為について、共通に言えることである。

体と心が噛み合っているように見えていても、実際にはそうではないことがある。心は現在にあってスウィングのことを考えているが、体と同調していないことがある。重要なのは、〝……のことを考えている〟状態だ。スウィングのことを考えているということは〝考えている〟ことを指しているだけであり、〝スウィングしていること〟とは大違いだ。この場合、心は体の中にあって実際にスウィングを司っているのではなくて、〝頭の中〟にあって、どのようにスウィングすべきかという観念的な概念を弄んでいるだけである。体と心が別々のことをしていれば、両者が嚙み合うわけがない。

どんなショットになるか心配しても、体と心は一体化できない。これがゴルファーにとって大きな障壁になっていると私が言ったら、「結果に対する不安と、フルショットがターゲット目指して飛んでいく姿をイメージすることとの違いは何ですか」、と聞いてきたゴルファーがいた。ボールがグリーンのほうに飛んでいくのをイメージすることは、確かに、意図した結果に対する期待も含まれるが、イメージは肯定的な意図を表示するものであって、結果に対する消極的な期待感ではないのである。

結果に対する不安は、意図した結果を心に描くこととは違う。イメージを抱く場合、緊張は生まれない。事実、ナイスショットのイメージは、緊張を和らげる。一方、不安は体の中にまったく別の感覚を生み、心にとって別の焦点が作られる。その結果、さらに先のことを考えてしまう可能性が生まれるのである。期待どおりの、あるいは恐れていたとおりの結果が出たときの反応を予測する場合もあるかもしれない。そうなると、自分は次に何をしなければならないか、そして次にすることがスコアにどう響くだろうか、などと考えることになる。体はまだショットを打っていないのに、心はすでにショットのあとのことに関わっているのだ。体と心が噛み合っていないことは明らかである。

Qスクールでのラウンドで、私が見ていたプレーヤーの一人が最初の3ホールで、九〇センチほどのパーパットを続けて三回外した。そして、腹を立てて、パターを膝で折ってしまった。このプレーヤーは、残りのラウンドをドライバーでパットした。最初の3ホールが終わった時点で3オーバー・パーで、残りのホールはドライバーでパットしたことを考えると、このプレーヤーはいくつで上がったと思われるだろうか。80？　あるいは85……？

実はこのプレーヤーは、残りの15ホールでボギーを一つ出しただけで、パーパットをいくつか沈め、バーディーを五つもぎ取り、71で上がったのだった。その前のいくつかのラウンドで、このプレーヤーはパターを使っても5バーディーなぞ逆立ちしても取れなかった。それに、彼はドライバーでパットの練習をしたことなどないのである。何が起こったのだろう。

問題のラウンドを回る時点で、多くの要素が彼のパッティングの障害になっていた。彼は、最近のラウンドで外したパットを全部覚えており、そのため、自分のパターを〝パットを外したクラブ〟とみなしていたのである。ＰＧＡツアーでプレーする立場のプロゴルファーである彼は、ショートパットは全部沈め、もっと頻繁に長いパットは沈めて当然と考えていた。また、周りの人々もそれを彼に期待していると思い込んでいた。そして最後に、パットを沈めないとシード権を失うことになるというプレッシャーがあった。だから彼の視点は、いつの間にか、自分のストロークを信じることから、是が非でもパットを沈めることに変わってしまったのである。

これら諸要素のせいで、彼はパッティングのルーティン（つまり〝現在〟）よりも、ボールがカップに転がり込むかどうか（〝先のこと〟）に焦点を絞ることになった。要するに、彼の体と心はまったく噛み合わなくなっていたのである。しかし、ドライバーでパットしなければならなくなると、パットが簡単にカップに入るなどとは思えなかった。自分に期待しなかったから、プレッシャーは起こらなかった。それまでにドライバーでパットの練習などしたことがなかったため、フェースをラインに対してスクエアに向け、正しいストロークでボールを転がすという手順に、最大限の注意を向けることになった。それ以外に彼にできることは、芝目をしっかり読んで最高のラインを見つけ、直感を信じて最高のペースでストロークすることだけだった。彼の体と心は、現在という瞬間とプロセスにおいてみごとに嚙み合い、その結果、パットは入り続けたわけである。

数週間後に彼と話した際に、その日起こったことに触れてみた。私は彼がドライバーであのようにみごとなパットができた理由を伝え、今後はパターを持っても同じような姿勢で臨んでみてはどうか、と提案した。そうすれば、パットが沈むかどうか心配せずに、ラインを読むことに専念して自分の感覚を信じ、パターフェースをラインにスクエアに向け、しっかりしたストロークでパットすることに集中できるわけである。彼はそれは道理に適ったことだと言い、「やってみます」と私に告げた。翌日の夕方、彼は電話をくれ、その日のラウンドの結果を報告してくれた。バーディーの数は、なんと九つだったのである。

戦略を変えたら

アドレスの姿勢を取っているうちに、何かのせいで方針を変更したくなることがよ

くある。風向きが変わったり、少し前まで気がつかなかったライやスタンスが気にな
ったり、選んだクラブに不安を感じたりすることがよくある。ショットの寸前に戦略
を変更した場合にすべきことは、考えているより多い。

気持ちが変わったら、二つのことが起こるのを待たなければならない。まず最初に、
心は新しい戦略に馴染まなければならない。古い戦略の絡む考えが心の底にまだ残っ
ているなら、それを一掃すべきである。そして、新しい戦略を完全に信じ、全身全霊
でそれに取り組まなければならない。しかし、ものを考える心の中だけでそれに取り
組んだだけでは不十分であり、体自体も同じように対応しなければならない。つまり、
体にも新しい戦略に馴染む時間を与えなければならないのである。

新しい戦略に体を正しく対応させるためには、そのようなメッセージが、脳の〝考
える〟側面から体の動きを管理する側面に届かなければならない。アドレスの最中に
気変わりしたトッププレーヤーが、せっかちにショットして惨めな結果に終わる場面
を、私は数え切れないほど見ている。心は新しい戦略に切り替わっても、体のほうは
まだ古い戦略にとらわれているのだ。体と心が噛み合わないと、ＯＢに見舞われるこ
とが多い。

ある年、私はロサンゼルスのリビエラ・カントリークラブで行なわれたＰＧＡツア

ーの試合で、これを如実に物語るシーンに出くわした。外国の一流選手が、グリーンのすぐ外側で、ダウンヒルの斜面からカップに向かって難しいチップショットをする場面だった。その選手は、長い間その場に立って、ウェッジで10回ほど素振りをした。その後、彼は横に首を振って、持っていたクラブを別のウェッジに換えた。そして、たった二度だけ素振りをすると、アドレスに入った。「ずいぶん時間をかけないで、プランを変えたものだ。これは問題だ……」と、私は思った。案の定、彼はトップしてしまい、ボールはグリーンの向こうにこぼれてしまった。

このプレーヤーは、新しいプランを体と心の双方に徹底させる時間を取らなかったのである。彼の〝考える心〟は新しいプランに切り替わったが、体のほうは古いイメージに基づいて動いていたのだ。脳の側面からもう一方の側面にメッセージが届くためには、一定の時間が必要なのである。

気持ちが変わったら、新しいメッセージが心のいる場所に到達するために十分な時間を体に与えることが必要になる。最低一〇秒はかかるだろう。新しいプランを立てたあとは、心に新しいイメージを描き、ウォームアップのために何回か素振りをして、イメージが確実に定着するための時間を十分に取ることが必要である。そうすれば、体と心を一体化させてショットの前のルーティンを伸びやかに行ない、自信を持ってボールを打つことができるというわけである。

下手な考え、休むに似たり

スウィング中に考えることが多くて、結果がはかばかしくない場合が多いことは、あらゆるゴルファーが認めている。スウィング中にものを考えてはいけないのは、なぜだろうか。われわれの心が体に求める行為が、考えることによって助けられないのはなぜだろうか。

この点を理解するためには、心のさまざまな側面と、それがクラブを振るという体の行動にどう関わっていくのかという点を、よく把握する必要がある。心が表現するものは、さまざまな形で描写できる。思考、感覚、直感、感情などがそれだ。そしてそこには、広い心か狭い心か、意識したものか意識下のものか。右脳か左脳か、分析的か直感的かといった違いがある。これらはすべて、たった一つの心のいろいろな側面なのだ。心は二つも三つもあるわけではない。しかし、さまざまな心について語ることは、異なった心が示すものを理解するのに役立つ。心は宝石のようなもので、断面によって光も質も変わる。ゴルフとの関連では、心の三つの側面について考えることが有用だと思う。つまり、考える心と直感的な心、そして批評家としての心である。

考える心

考える心は、観念と言葉を使って機能し、与えられた情報を分析し、評価する。五感と内在的な感情を通して入ってくる情報を整理し、過去の経験に基づいて記憶している情報と比較する。考える心は、すべての情報を巧みに統合して、一つの行動計画を立てる。ゴルフでは、考える心は距離、ライ、風向き、湿度、過去の経験などに関する情報を分析する。そして、ある戦略に含まれる危険と成功の確率を評価し、決定を下し、戦略プランを立てる。

心はこの側面で、周囲で起こっていることについて考える。さらに、体と思考の中で起こっていることについても考えるのである。これをわれわれは、自意識と呼ぶ。しかし、自意識は、単純な認識でも前述の〝基礎認識〟でもない点を理解することが重要だ。自意識とは、われわれの**経験について考えること**なのである。何かについて考えるという行為は、**何かを観察する**場合に観察者と対象との間に一定の距離が必要なのと同じように、対象と密着していてはできない。われわれは、考える心は頭の中にあって、体を観察しているとさえ感じるかもしれない。だから、スウィングについてあれこれ考えるとき、体と心の一体化は見られない。体はスウィングしているのに、心はまだスウィングについて考えているから、両者は嚙み合って機能できないことになる。

直感的な心

直感とは、考えたり分析したりしないで行なわれる、一種の認識である。直感的な心は、観念的な思考なしに、体の動きを管理する。もしわれわれが、自分の一挙手一投足をいちいち考えて行動しなければならないとしたら、生きることはどんなに難しくなるか想像していただきたい。直感的な心は、われわれの習慣の基盤だ。反復することによってある行動の順序を覚えてしまえば、意識して手順をいちいち管理する必要はなくなる。〝筋肉記憶〟と呼ばれるものは、筋肉の中にあるのではなくて、実は直感的な心の中にあるのだ。

直感的な心は基礎認識の機能を持つ。新しい概念や判断を加えることなく、五感の体験を収集する。直感的な心は非概念的だから、考える対象は決して過去や未来ではなく、常に現在であり、いつも体に直接つながっている。だから、直感的な心が支配するとき、体と心は嚙み合っている。われわれが主として考える心の状態でいると、自意識が邪魔をして、心と体は嚙み合わない。ゴルファーは、それがどれほど自滅的なことかわかっているはずだ。

直感的な心は、微妙に度合いを増しながら筋肉の動きを支配する。だから、考える心が体の動きを支配しようとすると、みごとに失敗する。なぜなら、考える心は、たとえば〝もっと強く〟とか〝もっと弱く〟といった大まかな観念しか使えないからである。これは、一キロ単位でしか距離が測定できないのに、誰かに道案内するようなものだ。二・五キロ先を曲がらなければならないのに、〝二キロ先〟か〝三キロ先〟としか言えないとしたら、どちらを選んでも〇・五キロの誤差が出てしまう。同じことが、ゴルフについても言える。パッティングの直前に考える心が支配していて、「強く打て」と体に指令を送れば、ボールはカップの二メートル先まで転がってしまうだろう。しかし、体を支配している直感的な心を信用すれば、グリーン上ではるかにいいタッチでパットできるのである。

ムカデが、そんなにたくさんある足をどうして順序正しく動かせるのかと聞かれた話を、ご存じだろうか。その理由を考え始めたとたんに、ムカデは足がもつれて動けなくなってしまったというのが、この話の落ちだ。

ゴルフではこれは、「分析過多による身体麻痺」と呼ばれている。ゴルファーは、すべきこと（あるいは、してはならないこと）をあまりにも多く考え過ぎるため、もつれてしまったムカデの足のような精神状態に陥るのである。

もちろんこれは、考える心を拒絶すべきだという意味ではない。考える心は、状況を分析・判断し、適切な戦略を構築するために必要だ。しかし、実際にショットする場合には、戦略と戦術の切り替えが必要になる。ボールがターゲット目指して飛んでいく明確なイメージを抱いたら、直感的な心にバトンタッチすることが必要だ。だから、最高の処方箋は、「頭でプランを練り、心でプレーすること」なのである。

批評家の心

心の三つ目の側面は、批評家としての心である。これは、考える心の特殊な機能で、物事のよいか悪いかという点に関して、評価・判断し、描写する。心のこの側面は、学習する過程にとって必要な部分である。われわれの行動の結果を評価することによって、考える心は次のプランを立て、直感的な心は体の動きを微妙に調整するために必要なフィードバックを得る。しかし、この〝批評家の心〟は、建設的なフィードバックの域を越えて、否定的な感情につながった場合、われわれにとって最悪の敵となる。われわれの行動が期待外れだった場合（それが自分自身に寄せた期待だろうが、他人が寄せていると感じた期待だろうが）、批評家の心はわれわれに落胆することを求め、われわれは落ち込むのである。

批評家の心の問題点は、それが視野狭窄的なことだ。悪いと思う一つのことに焦点を絞り、その状況下で好ましいと考えられることがすべて見えなくなる。ゴルフでは、批評家の心は、否定的な自問と自己不信を生み出す。そしてその結果、われわれはたちまち自分を信じることができなくなってしまう。あまり厳しく自己評価することは止めて、失敗を失敗として受け入れるほうが、はるかにプラスである。われわれ人間の本質に、物事を認識する能力と、新しいことを学んで成長する力が備わっていることを信じるなら、批評家の心に、われわれの行動の善し悪しを判断せずに単に情報だけを提供させることができるし、われわれは直感的な心に頼って状況に順応し、意図した方向に向かって進歩していくことができるのである。

批評家の心の視野狭窄的な本質を利用してゴルフに役立たせる方法がある。つまり、あらゆる行動の中で肯定できる要素を見つけるように導くのだ。あるレッスンの途中で、ゴルフを始めたばかりの女性が自分のショットが曲がることを非常に否定的に受け止め、強い苛立ちと失望を感じ始めた。私はこの女性に、批評家としての心をそれぞれのショットのプラス部分に向けるように指導した。その一つの例として、スウィングのあと、私はこう言った。「ボールをとらえたときの音が素晴らしかった。真芯で打ったね」。ショットの結果ではなくて、インパクトの音に集中することによって、彼女のムードはその後何発か打つと一変した。ボールをクリーンにとらえるようになり、意図したライン上を飛ぶショットが増えた。カゴの中の最後のボールを打ったあとで、彼女は私の方を振り返ってこう言ったものである。「先生、いまの音、素晴らしかったでしょ！」

スウィング中の心得

スウィングしている最中は、レッスンの時間ではない。ゴルファーはしばしば、あれこれ考えながらスウィングしようとする。だが、すでに述べたとおり、考えながらスウィングするのは決していいことではない。その代わり、少なくともショットの飛行線と着地点、そしてスウィングの感じに関するイメージを抱くことが好ましい。

どうしてもスウィングについて考えずにはいられないゴルファーは、意図したスウィングをどのように実行するかではなくて、どのようなスウィングをしようとしているのか、考えるほうがいい。たとえば、〝懐を深くする〟ことを考えれば、自分が味わいたい感覚のイメージが湧いてくる。しかし、物理的に〝腕を伸ばす〟ことを考えると、腕を伸ばしたら、次に体をどのように動かせばいいのか、ふたたび考えることになる。つまり、この考えだと、考える心に体の動きを支配させることになり、あまりよい結果は出ない。体が味わう感覚をイメージしながらスウィングについて考えれば、直感する心が体を支配するのである。

スウィングのレッスンでは、しばしば、体の特定の動きを反復し、それをスウィングに組み込むまで継続して練習することが要求される。しかし、コースに出る前に、新しい体の動きができあがるまでスウィングを練習する時間と意思を持ち合わせているウィークエンド・ゴルファーは、そう多くはいない。彼らは一日のラウンドのためのスウィングのヒントとして、そのような体の使い方について、頭の中で〝レッスンを受ける〟ことになる。その結果、毎回スウィングするたびに、機械的で自意識過剰な考えにとらわれてしまう。スウィングに費やされる時間は、〝自習〟時間ではないのである。

プログラムされたスウィング

別のやり方がある。もし、スウィングしている間ではなくて、スウィングする前に焦点を絞ることができれば、それまで練習してきた体の動きを、プレー中に非常に効果的にスウィングに組み込むことができる。ショットをイメージしてクラブを選択したあと、スウィングのルーティンを始める地点近くで、ボールの後ろに立つ。そして、〝プログラムされた〟ショットを打つのだ。

まず、イメージどおりに体を動かす。全力でフルスウィングしなくていい。体とクラブの動きが認識できるような方法で体を動かすほうが効果がある。そうする間、目は閉じていたほうが効果的かもしれない。体にしてほしいことの感じを、直感する心につかませることができるからだ。このようにして数回スウィングしたら、〝プログラム終了〟と自分に語りかける。体はコンピュータのようなもので、いったん計画をプログラムしたら、あとは始動させるだけでいい。プランがまだプログラムに乗っているかどうか、チェックし続ける必要はない。当然のことながら、練習すればするほど、体はプログラムされた動きをうまく取り込んでいく。

プログラムされたスウィングをすれば、体の動きについて考える必要はなくなる。ボールの後ろに立って、ターゲットに向かって飛んでいくショットをイメージし、大きく深呼吸してボールの地点まで歩き、アドレスに入ればいい。直感する心が〝プログラムされた〟動きをスウィングに組み込んでくれることをひたすら信じて、思い切ってスウィングすればいいのである。

無理にコントロールするな

これは、ゴルフにおける数多くの逆説の一つだ。われわれが達成することを願う〝コントロール〟とは、ショットの正確性と安定性を高める……つまり、ボールの行く先をコントロールする……ことだ。一方、われわれが手放さなければならないコントロールとは、ショットを〝置きにいく〟場合に見せる間違ったコントロール・ショットだ。これは、考える心が、意図した結果を必ず出そうとするため、スウィングを意識してコントロールしようとするときに見られる。しかし、それではわれわれの意図とは逆に、お粗末な結果しかでない。きちんとコントロールして、安定したショットの正確性を達成するためには、ショットを意識的、意図的にコントロールしようとしないことが必要だ。考える心に筋肉の動きを支配させてはならない。

二つの異なったタイプのコントロールの違いを識別する、ちょっとした頭の運動がある。何も書いていない紙片に、書類に署名するようなつもりで、しかし大きく、自分の名前を書く。次に、署名した自分の名前をペンでゆっくり、慎重に、書き出しからなぞって、ほぼ半分まで進む。はみ出さないように注意しながら、自分のしていることを観察する。失敗は許されない……。

結果はどうだろう。自分の名前を署名しているときに比べて、なぞっている間、いささか緊張し、窮屈な思いがしたのではないだろうか。署名のときより強くペンを握らなかっただろうか。誰がやっても、自分の名前をなぞるときは、手の動きはぎこちなく、ムラがあって、釣り合いが取れていない。

さて、あなたは自分のスウィングが、最初の署名となぞった分の、どちらに似てほしいと思うだろうか。書き損じないように注意して書く場合に比べて、ちょっとした書類に署名するとき、われわれの筆跡は実に滑らかで伸び伸びしている。しかし、意識して筋肉の動きをコントロールしようとすると、筆跡の自由な流れは大きく損なわれてしまう。物事が軌道から外れることから身を守ろうとすると、署名をなぞるときのようなコントロールが首をもたげる。コントロールを諦めなければならないのは、実際には、自己中心的で自意識過剰な〝考える心〟なのである。

では、あること、あるいはあるものをコントロールするのを断念することが、どうしてコントロールすることに結び付くのだろうか。これまでにあなたは、自分がスウィングの主役であり、クラブをどのように振ろうなどとはまったく考えずにスムーズにスウィングでき、ショットの飛び出し方なぞまったく考えずにスウィングできたと感じたことはないだろうか。たまにかもしれないが、大半のゴルファーはそのような体験をしている。このようなスウィングの結果は、悪くてもナイスショット、よければスーパーショットで、コントロールしようとしなければ好結果が出ることを如実に物語っている。われわれはどうしても考える心の味方をしたがるから、こう書くと、コントロールすることを諦めたほうがいいのかと思われるかもしれない。しかし、実際には、コントロールする力は失われたのではなくて、別のところに移動しただけのことなのである。

スウィングの主導権は、直感する心に移管される。この心は体の動きを司るのが得意で、考える心に邪魔されない限り、体の筋肉のどんなに些細な動きも実にみごとにコントロールしてくれるのである。

レストランで、ウェイターがトレイにスープボウルをいくつも乗せて、忙しく動き回っている姿を見たことがあるだろう。ウェイターは、行く先は見ていても、手元は見ていない。主任がやってきて、ウェイターに次のような注文をつけた場合を想像してみよう。「注意して行動しろ。スープのボウルに十分注意を払い、慎重に行動すること。スープを絶対にこぼすな」。結果は知れている。フロア一面にスープがこぼれるに違いない。手元のことに注意を払い、失敗しないように注意するあまり、慎重になり過ぎると何が起こるか、われわれは誰でもよく知っている。つまり、慎重にやり過ぎることによって、一般的には避けようと願っている事態を招いてしまうのである。

アシスタント・プロのティムは、ウェイターとスープの話をよく理解した。レッスンの翌日、ティムは電話でその日のラウンドの結果を報告してきた。アウトの９ホールで43叩いたが、自分が前半ではずっと〝スープを見ていた〟ことに気付いて反省したと言う。スウィングをそのような形でコントロールすることを止めたティムは、後半の９ホールを33で回ったのだった。

悪い予感は的中する

「悪い予感は的中する」は、私が好きな諺の一つだ。

これは、ゴルフでも人生でも、多くの段階に当てはまる真理である。ゴルフコースの絡む例をいくつか見てみよう。「池に打ち込むな」（81ページ）の項で、池に入れるのが怖い場合について話した。恐怖が、心をそのようなイメージで満たしてしまうのだ。そこで体は、そのイメージを実現しようと一生懸命に努め、結果として水しぶきが上がり、恐れていたことが起こってしまうのである。

心理的なレベルでは、恐怖は自分が置かれた状況を過度に支配しようとする傾向を生む。考える心が支配し、われわれの行動は過剰な自意識によって表現される。その結果、われわれは必要以上に慎重になり、躊躇する。フェアウェイを外すのが心配になり、ショットを置きにいこうとするため、ぎこちないスウィングでボールをラフに打ち込む。こうして、悪い予感は的中する。

肉体的なレベルでは、恐怖感はある種の反応を引き出す。過剰反応だ。ストレスの研究では、これは〝闘争または逃亡〟症候群と呼ばれる。恐怖を感じると、われわれの肉体の仕組みは、暗闇で自動車のライトを見たシカのように凍り付き、呼吸が止まる。血液が大きな筋肉の方向に流れ始めるため（まるで、巨大な牙をむいたトラから逃げる準備をするかのように）、手の感覚は失われ、脳はまずい判断を下してしまう。血中をアドレナリンが駆け巡るから、行動が性急かつ過敏になる。筋肉は緊張し、体を十分に回したり、インパクトで両腕を真っ直ぐ伸ばしたり、フォロースルーまで大きなリリースを行なったりすることはできなくなる。まずいショットをすることを恐れると、われわれの体は、心がもっとも恐れている結果を生み出す可能性が高い状態に置かれてしまうのである。

その一つの例は、ショットを引っかけてOBを出すか、ハザードにつかまることを恐れる場合だ。（右利きにとっては）ショットを左に引っかける恐怖があるが、ダウンスウィングを始めるとき、体は自然に左に向き始める。しかし、左は行ってはいけない方向だ。恐怖がわれわれの体を凍り付かせ、体の回転を制限する。しかし、腕のほうは相変わらずスウィングを続けて、体に絡み付く。結果は、フックだ。こうしてわれわれは、恐れているものをわざわざ作り出すのである。

われわれが恐れるもう一つのことは、失敗することによる自尊心の喪失、つまり自分の価値の卑下だ。われわれは、気持ちの落ち込みを恐れる。さらに、まずいショットをして自責の念に苛まれることを恐れる。この恐怖感は、自分自身が設定したプレーのレベルから来るのかもしれない。われわれは、〝自分に相応しい〟プレーができないのではないか、と心配する。こうした感情には、他人の目を気にするという要素が含まれることが多い。しかしこれは、ふつうは間違った考え方だ。

　われわれに向けられる他人の目が、自分が勝手に思っているほど厳しい場合はほとんど希《まれ》なのである。ゴルファーの人間としての尊厳が、ショットの結果で左右されるとしたら、最終ホールで一メートルほどの〝易しい〟パットを外すことが、極端な恐怖の源になる。そして、緊張が高まってストロークが乱れ、悪い予感が的中するのである。

「悪い予感」という自己充足的な予測を避ける方法はあるのだろうか。何かを恐れていることは否定できない。否定すれば、誤った自信が生まれる。だから、恐怖心を取り除こうとしないで、それを超越しようとすればいい。そうすれば、恐怖から事前に解放されることになる。

　恐怖を超越する最初のステップは、その存在を認めることだ。恐怖心を抱いていることを認め、自動的に反応するのではなくて、理性的に対応する方法を身につけるのだ。シャンバラの勇者が行なう基本的な訓練では、まずわれわれの認識を直接、恐怖を感じていることに向ける。そして、認識の広い空間の中で、恐れていることを大きな心の視野でとらえることが必要だ。USオープン選手権のかつての覇者、ゲリー・ミドルコフは試合で負けることについて、こう述べている。「これで私の人生が終わったわけじゃない。家に帰れば、家内はまだ自分を愛していてくれるし、イヌも私に噛みついたりしないさ」。

大きな視野が開けてくると、洞察力が湧いてくる。恐怖の裏側に潜んでいるものの正体と、自分が求めている結果が自尊心を満たす、あるいは損なう程度がわかってくる。そのような洞察力によって、ある状況下でわれわれが体験するものが変わるのである。恐怖を超越すれば、よい結果も悪い結果も、われわれの自尊心の尺度と考えずに受け入れることができる。ゴルフに真剣に取り組むのはいいことだが、心のゆとりをなくしてはならない。

いったん、恐怖の存在を認め、広い視野で見たら、ショットをする前にそのマイナス効果を取り除く必要が出てくる。ここで、時間をかけて深呼吸し、体の中の過度の緊張を和らげる。そして、起こってほしくない状況に関する否定的なイメージを心から一掃し、その代わり、結果として起こってほしいことの肯定的なイメージを描けばいい。そうすれば、体と心は自然に嚙み合って、恐怖に邪魔されることなく目の前のショットに集中できるのである。

百発百中？

同じターゲットに向かって一万回ショットして、毎回連続で命中できると思うかと聞かれれば、あなたは私のゴルフスクールの参加者の大半と同じように、首を横に振って〝そんなことができるはずがない〟と答えるに違いない。

では聞いてみたい。ものを食べていて、箸がうまく口に入らなかった記憶があるだろうか、と。これまでの数週間で、食事中あなたの箸は少なくとも一万回は〝ターゲットに命中〟しているはずだ。しかしあなたは、箸で食べ物を摘むたびに「肘を引き、手首を動かして、頭を動かすな」などと、自分に言い聞かせたりはしなかったはずである。食べ物を口に運ぶたびに、手や腕に意識して命令を伝達してはいない。箸を使っている間、あなたは箸の使い方のことは念頭にないが、それでも箸は食べ物を自然に口に運んでいくのだ。

ある朝、私たちはこの点について論じ、その日の昼食時に大笑いしたことがある。「フォークをどのように使って食べ物を口に運んでいるか、改めてよく考えてみました。そうしたら、〝ターゲット〟を外してしまったのです」と参加者の一人が言った。

重要な点はここだ。つまり、ターゲットに命中させるために、意識して体を使う必要はないということだ。体をどのように動かすかという点をあえて意識して考えると、自然で正確な動きは阻害される。つまり、出来栄えについて〝自意識過剰〟になってしまうわけである。

しかしこれは、スウィングの仕組みや体の特定の動きについて考えてはいけないということではない。学習の過程には、目的をしっかり意識する訓練が含まれる。われわれはスウィングの特定の側面に注意を払い、自らの行動の結果が意図したものにマッチする度合いを意識して評価する。しかしこれは、フィードバックと反復によって正しいスウィングの習慣を体に覚えさせるために、練習中に行なわれることである。そして、コースでスウィングするときがきたら、スウィングの細部のことは忘れ、意識して体を動かさずに、体（と直感の心）が練習の成果を見せてくれることを信じるのが、最善の策である。

すでに触れたとおり、心がイメージに反応するとき、われわれの体はもっとも効率よく機能する。だから、プレーするときは、ボールの着地点のイメージをできるだけ鮮明かつ正確に心に描き、体が意図した結果を出してくれると信じることが大切である。

〝ボールをトスする〟デモンストレーションは、しばしば、一生懸命になり過ぎないと驚くほど正確な結果が出ることを生徒たちに教える、好材料になる。ボールをいくつか、最前列の椅子の側に置いて、私に向かってトスしてほしいと誰かに告げる。ふつう、ボールはすべて私の手に収まる。「どうして、それができたのかな」と尋ねてみる。もちろん生徒は、どうやってボールを私にトスしようかなどとは考えていない。だから答えは、いつも「ただトスしただけです」だ。そこで私はさらに尋ねる。「腕をどれくらい引けば、ちょうどいいようにボールがトスでき、どの時点でリリースし、手首をどの程度利かせるかなどといったことは考えなかったのかな」。ここで生徒たちは皆笑う。ボールをトスするとき、そんなことを考える者はいないからだ。ここで重要なことは、その生徒はトスという行為の細部についてまったく考えなかったにもかかわらず、恐ろしく正確に、程よい球速で、トスを行なった点である。**絶対に成功させようなどとは思わないで行なった**トスは、方向も距離感も完璧だったのである。

もちろん、どのようにしてショットしようかなどとは考えなくても、5番アイアンで簡単にオンできるなどと言うつもりはない。意図したラインの上を飛ぶショットが出るスウィングを身につけることと、その際の体の動きを習慣になるまで反復練習することは必要だ。しかし、その動きは、いったん体が覚え込めば、強いて意識しなくても非常に正確に反復できるのである。

何百年も前の日本で、ある画家が贔屓《ひいき》筋の依頼で墨絵を制作中だった。墨絵の専門家である禅の高僧がたまたまその地域を訪れたので、画家は折を見て立ち寄って、自分の筆捌きをごらん下さいと熱心に頼んだ。

作品について意見を求められると、高僧はこう言った。「正直なところ、凡庸ですな」。そこで画家は新しい画用紙を取り出して、いままで以上に入念に画筆を走らせた。

「先生、今度はいかがでしょうか」

「失礼だが、最初のにも劣る愚作ですな」

画家はますます必死になって、筆捌きを正しく行なうようにさらに細心の注意を払いながら、次々と絵を画き進めた。しかし、高僧の意見は厳しさを増すばかりだった。

そしてついに、高僧はこう言った。「失礼だが、この辺で少々、外に出て新鮮な空気を吸わせていただきたい」。

高僧が外に出ると、画家は偉い人物に自分の作業を肩越しに見られているという自意識から解放されて作業にあたる機会を得られたことを喜んだ。そして、高僧が帰ってくるまでに仕上げるため、前のような自意識から解放されて制作に専念した。

最後の一筆を終えたとき、高僧が外から戻って来て、作品を見て言った。

「完璧だ」。

自分のスウィングを信じる

自分のスウィングを信じることとは、ゴルフにおいてもっとも重要な要素の一つである。それができれば、ゴルファーはクラブを一緒にダンスを踊るパートナーとみなす心境になれる。できなければ、ゴルファーとクラブは別々の組で綱引きをしているようなものだ。

自分のスウィングを信じるということについて、ゴルファーが誤解している場合が多い。自分のスウィングを信じるということは、それがいつでも、どこでも、完璧に頼りになるべきだと思えるということだ。われわれは人間であって、ロボットではない。だから、われわれのスウィングは、毎回まったく同じように反復できるものではない。われわれが自分のスウィングに関して信ずべきことは、それが習慣的に書いている自分のサインのようなものだという点だ。いつも一定で、自筆であることが識別可能な軌道を走るからである……もっともそれは、**何かに邪魔されない限り**の話だが。

われわれは不幸なことに、いいショットより悪いショットをはるかにたくさん覚えている。そして、スウィングについてゆがんだ見方をする。悪いショットを打つことの恐怖は、われわれの自信を揺るがせ、伸び伸びとしたスウィングの邪魔をする。そして、われわれは、クラブを正しく振り、意図した結果を出す自分自身の能力が信頼できなくなるのだ。

ある著名なゴルフのインストラクターが、自分の生徒（女性）の一人を見てくれと言ってきた。その生徒はＬＰＧＡの常連だったが、アイアンで苦労していた。別のインストラクターは彼女に、練習場に出向いてボールをたくさん打ち、試合のなかで問題を克服するように勧めている、とのことだった。「しかし、それではレンガに頭をぶつけるようなものではありませんか」と頼んできたインストラクターは言う。

私はこう答えた。「そうです。もし、その女子プロが前と同じようなことをし続けるとすれば……。そのような取り組みは、アインシュタインの狂気の定義に合致すると思います。つまり、同じことを同じようなやり方で繰り返して、別の結果を得ようとする精神状態、です。一方、もし彼女が以前とは異なった姿勢で練習と試合に臨もうとするなら、それは何か新しい目的のために修行することになりますから、時間と労力の浪費にはならないでしょう」。このインストラクターは、私の返事に満足したようだった。

そして、彼は言った。「自信とか、自分のスウィングを信じることに関して書かれたものは、たくさん読みました。しかし、彼女のようにひどいスウィングをうんざりするほど繰り返してきたゴルファーに、それをどう伝えればいいのでしょうか」。

私は、彼女のひどいスウィングは、多くの成功をもたらした彼女の本来のスウィングが信じられないことの結果だろうと述べた。事実、私が知っている彼女の昔のスウィングは決して悪いものではなく、その片鱗はまだ見られた。しかし、本来のスウィングが信じられないことが彼女にとって障壁となったわけである。彼女のスウィングは、ひどいショットに対する恐れの産物だったのである。

特にトーナメントにおけるプレーでは、惨めな結果が出ると、体の筋肉は自分のスウィングを信じようとする意図を圧服し、スウィングの途中で強張ってしまう。これは、ときおり、パッティングにおけるイップス病によく似た、突発的なぎこちない動きとして現れる。ひどいスウィングでお粗末なショットをしてしまうことを恐れて、われわれは最後の一瞬にパニックに陥る。まるで、スウィングしようとしながら、同時にスウィングすまいとしているような、妙な状態に立ち至るのである。その結果、自分が恐れていたショットが出て、先に触れた〝自己充足的な予言〟(つまり、悪い予感)が的中するというわけだ。

こうした視点の効用についてこの女子プロと話したあと、われわれは練習ラウンドでそれを検証することにした。もし、彼女が自分の体(つまり直感する心)を信じて伸び伸びとスウィングできれば、ぎこちないスウィングは以前ほど頻繁には出ないはずだった。彼女は、スウィングのコントロールを体に委ねるよう、考える心に指令を送らなければならなかった。そこで私は、毎回スウィングする前に、「あなたの出番よ」とか「スウィングをコントロールして」とか、頭の中で体に向かって呟くようにしてはどうかと提案した。彼女は、『思い切りかっ飛ばせ』を選んだ。その言葉は、考える心を退かせ、体を信じてクラブを自由に振らせるための合い言葉となった。そして、彼女がその呪文を唱えたとき、長年鍛えた本来のスウィングがふたたび蘇ったのである……昔どおりに正確で力強いスウィングが。

ネコを箱に入れられるか

部屋の片隅の小さな箱にネコを入れようとすると、ネコは騒ぎ立て、飼い主の手を引っ掻き、最後まで抵抗する。箱に入れてからも、スキを見て外に飛び出そうとする。ネコは繰り返し抵抗し、逃げ出してしまう。しかし、部屋の中に放っておくと、ネコはおそらく、部屋をしばらく探索し、やがて箱の中に入り込んで、静かになるに違いない。

恐れや不安は、無理に抑え込もうとすると、この場合のネコのように抵抗して、たぶんバックスウィングの最中のような重要な段階で、表に出る。しかし、もっと広い視点でとらえ、無理に抑え付けようなどと思わなければ、恐れも不安もそれほど大きな影響を及ぼさないのである。

心理学者のなかには、〝ストップ・テクニック〟を使う者もいる。もし、あなたがある考えにとらわれているとき、誰かがそっと後ろに忍び寄って、耳の側で〝ストップ！〟と叫べば、思考の連鎖は確実に中断される。このテクニックの信奉者たちは、心の中で大声で〝ストップ！〟と叫ぶだけで、恐れや不安の絡む考えは消えると主張している。

私は、このやり方を好まない。確かに瞬間的な効果はあるかもしれないが、そのような考えの根源は相変わらず残るからだ。私としては、むしろ、大きな視点を持つことを勧めたい。恐れや不安が起こったら、無理に抑えようとしないで、起こったままにしておくのだ。そうすれば、恐れも不安も、自発的に箱に入ったネコのように、そのうちにしかるべき場所に収まって静かになるに違いない。練習すれば、心の中に湧き起こるさまざまな考えや感情を体験しても、虜にならずに済むようになる。

コップの中の濁った水を掻きまぜれば、水はいつまでも濁ったままだ。しかし、スプーンを取り除けば、汚れはやがてコップの底に沈み、水は澄んでいく。同じように、心の中に湧き起こるいろいろな考えや感情と抗っている間は、澄んだ心はいつまでも戻ってこない。逆に、それらの存在を認識しても、中身をいちいち分析して判断することは避け、広い心の中を自由に去来させてやることが大切だ。放っておけば、考えも感情もやがて沈殿し、心はふたたび澄んだ状態になるのである。

結果にこだわるべきか

古代チベットで、三人の乞食が話していた。一人が言った。「おれは知事だったらよかった。町で一番の金持ちだからな。そうしたら、暮らしは楽で、皆が私を尊敬してくれる」。二人目の乞食が言った。「おれはそれでは満足できない。王様だったらよかったと思う。国一番の金持ちだから贅沢できるし、皆がおれに頭を下げる」。三人目の乞食は、「どうせ望むなら、思い切ってミラレパみたいになりたいものだ」と言った。他の乞食は意味がわからず、ミラレパとは誰のことかと聞いた。
「山の奥深く住んでいる瞑想の達人だよ。心穏やかな人で、いつも満足して暮らしている。他人に確認してもらわなくても、自分の本質を心得ている。いま持っているもので完全に満足しているから、ほしいものは何一つない。だからミラレパは、世界一の金持ちなのさ」

何もほしくない人間は、すべてに満足できる。物事の流れをユーモアの精神で見詰めることができれば、宇宙はあなたとダンスをしたがるだろう。物事が、なんとしても自分の思うようになってほしいと切望すればするほど、障害物が増えて、われわれの努力を阻もうとする。

ゴルフでは、自分が望んでいる結果を出そうとして懸命になり過ぎると（ショットを置きにいく場合もそうだが）、ふつうは逆の結果が出る。意図した結果を出すために行なっている一連の動作を信じることができれば、好結果が生まれる可能性は大きい。自信がないのにむきになることは、無謀でしかない。

「結果を気にしてはいけない」と言われると、人はよく、それをどのようなショットが出たかにこだわらなければ、いいプレーができるということだと解釈する。プロゴルファーのなかにも、ミスすることを〝気にしない〟で思い切って打てば最高のパットができると言う連中がいる。私は、この「気にしない」という言葉が誤解を生んでおり、問題だと思う。

「気にする」という表現は、「関心がある」とも、「深刻に考える」とも解釈できる。プロゴルファーは、パットをミスするかどうかという点について、「深刻に考えない」という意味で、〝気にしない〟と言っているに違いない。もし、プロゴルファーがボールがカップに入ることに関心がないとしたら、おそらくゴルフを職業として選んではいなかっただろう。たった1パットの差で獲得する賞金の差が数千ドルにも数万ドルにもなるわけだから、パッティングの結果が気にならないわけはない。深刻に考えないという意味で結果を〝気にしない〟でプレーに臨めば、ルーティンに集中し、セットアップの姿勢を取ったら、少しも躊躇することなく滑らかなストロークを始めることができる。

ゴルフをする者がこの二つの意味を混同すると、まるで結果に〝関心がない〟かのように振る舞うことになる。だが、こうした無関心は確実に不注意につながる。そして、プレーは締まりがなく、雑になる。しかし、結果について実は深刻に考えていることが本人は心の中でわかっているため、ミスパットの衝撃は大きい。もし、結果に関心がないとしたら、あなた自身はゴルフをしていないだろうという点を、はっきりさせておこう。しかし、結果を気にしていても、**深刻に考えないでいる**ことはできる。〝関心を持つ〟という意味で結果を気にするなら、スウィングに集中し、ふだんどおりの手順を踏み、ルーティンを信じることができるから、ストロークは滑らかで伸びやかになる。

しかし、結果を気にすることが〝深刻に考える〟ことになってしまえば、体と心は噛み合わないし、自分が信じられないから、ストロークは中途半端でぎこちなくなる。

どちらの意味で結果を〝気にする〟かは、ゴルファー自身が選択すればいい。

ゴルフスクールでインストラクターを務めるデーブが、アドバイスを求めてきた。結果を〝気にしないでパットする〟方法が知りたかったのである。「どうすれば、気にしないで打てるのですか。気にしないように努めるのですが、気にしていないのだと自分自身を納得させることはできません。どうしても気になってしまうのです。パッティングの結果が気にならなかったら、プレーなんかしていないでしょう」

私は、〝気にする〟という表現に問題があると語った。もちろん、パットがカップに入ってほしいと願う気持ちは、誰でも同じだ。しかし、肝心なのは、パットが入るか外れるかについて、**深刻に考え過ぎない**ことだ。そこで私は、〝気〟という言葉を使った次の二つの似通った文章を作り、デーブにニュアンスの違いをわからせようとしたものである。

「デーブ、私は君のことを気にかけている」

「デーブ、私は君のことが気にかかっている」

パットを全部沈めるには

〝パットを沈める〟という意味の、新しい定義を提案したい。大半のゴルファーにとっては、パットを〝沈める〟ことはボールがカップの中に入ることを意味する。この場合は、パッティングの結果のほうが、パッティングで踏む手順より重視され、そのためストロークが損なわれる。パッティングの手順に全面的に集中し、結果のほうに気を取られることがなければ、体と心は噛み合って機能する。だから、われわれは結果ではなくて、自分がパットする際に踏んだ手順を反省する形で、〝パットを沈める〟ことの定義を考えるべきなのである。

あるとき、ＰＧＡツアーのベテラン選手、ピーター・ジェイコブセンがトーナメントの最終ホールでパッティングをミスしたとき、どのように感じたかと聞かれた。「あれはミスパットじゃなかった。完璧なパットだった。しかし、ボールのほうが入りたがらなかっただけのことだ」。これこそ、肝心な点なのである。ナイスパットをすることと、ボールがカップに転がり込むことの違いをはっきり認識しておこう。

そして、新しい定義のために、パッティングの手順を構成する諸要素について考えてみよう。

1　芝をよく読んで、最高のラインを選ぶ。
2　グリーンの速さを可能な限り正確に判断する。
3　最高のストロークをする。

グリーン上でわれわれにできるのはこれだけだ。ボールが転がり始めたら、われわれは結果をどうすることもできない。

だから、私が考える〝ナイス・パット〟の最善の定義はこうなる。ボールを自分が読んだラインの上を転がし、そのとき、いいストロークで打てたと感じたら、それは〝パットを沈めた〟のと同じことである。つまり、ボールが毎回カップに沈まなくても、沈んだと同然と考えてよいのだ。

このように考えることは、パッティングに対する自信を強力に高めてくれる。パットをミスしても、思い通りのパットができた満足感に浸ってグリーンを去ることができるのである。そのお陰で、前向きに考える気持ちが持続できる。逆に、「沈めておかなければならなかった」パットを外してしまったと考えれば、否定的で自己批判的なムードになってしまう。ラウンド終了後に、カップを何度外したか反省することは、決して、自信を持つ助けにはならない。しかし、完璧なストロークでほとんどすべてのパットを〝沈めた〟と考えてラウンドを終えれば、自分自身のパッティングの技術に満足することができる。パッティングは、自信の程度が結果に大きな違いをもたらすのである。

ブライアンは、ボールをとらえる技術は一流だが、パッティングの技術は平均的だと考えていた。彼が出場するトーナメントの前に、パッティングの指導をした。練習グリーンに立って、私はカップから約二メートルの地点にボールを置くと、こう言った。

「ボールをカップに確実に入れる唯一の方法は、手でつかんでカップに入れることだが、これはルールで禁止されている。となると、君はどうするかね」。

「一つの方法は、最高のラインを見つけることだ」と私は続けた。

「二つ目の方法は、グリーンの速さをよく読んで、ボールを転がす最高のペースをつかむことだ。三つ目の方法は、最高のストロークをして、読んだラインの上を意図したペースでボールを転がしてやることだ。その段階で、やれることはすべてやったから、ボールがカップに入るかどうかは、ボールとグリーンとホール次第だ。だから、できることはボールに声援を送ることとくらいだよ」

このとき私が使った言葉は、非常に重要だ。もし、〝完璧な〟ラインと〝完璧な〟ペースと言っていたとしたら、それはミスパットを乱発する源になるだろう（注〝完璧な〟ラインを読むことは、そもそも不可能なことだ。なぜなら、自分が読んだラインが完璧かどうかは、ボールがカップに転がり込むまでわからないからだ。ちなみに私は、分析する心を想起させる〝ライン〟という言葉より、〝通り道〟のほうを好む。直感する心に通じているように思えるからである）。

しかし、〝最高の〟ラインと〝最高の〟ペースでパットしろと言われると、気が楽になる。このような言葉遣いによって、ボールがカップに入らなかった場合でも〝ナイス・パット〟と呼べる状況の新しい定義が、さらに効果を増すのである。

ブライアンは、私が示したパッティングの手順に集中し、ナイス・パットの新しい定義を咀嚼しながら何回かパットしてみた。彼は巧みなストロークでボールを転がして、毎回ナイス・パットし、何度もカップインさせた。そこで私は、彼にこう言った。

「正直言って、君は初めからパットがうまかった。ただ、自分に対する期待が大き過ぎたり、パットをねじこもうとして真剣になり過ぎたり、入るかどうか心配し過ぎたりすることが、心の重荷になっていたのだ。要するに君は、必死になってパットを沈めようとして、どうパットすればいいのか、あれこれ考え過ぎていたというわけだ。

もっと気楽に対応すれば、気持ちが楽になり、伸び伸びとパットできるはずだ」

二カ月後に催されたQスクールの最終予選は、プレッシャーが高まる中で六ラウンドで争われたが、ブライアンはバーディー三三個、イーグル一個、3パットなしで回り、二メートル以内のパットは全部沈めたのだった。

パットはイメージで

あらゆるショットに効果的に備える最善の策は、ショットをできるだけ入念かつ正確にイメージすることだ。パッティングの場合、カップまでの距離を転がっていくボールの姿を思い浮かべてほしい。ラインを読んで、ボールの転がるスピードと方向が微妙に変化する様子を、心眼でとらえることだ。カップのエッジの、自分が転がり込むと読んだちょうどその地点まで、ボールがどのような〝通り道〟を通って転がっていくか、しっかりイメージしてほしい。

以下に挙げるのは、パッティングに自信を持つテクニックの練習法と、パッティングの前に行なうルーティンである。

グリーンの速さを読む

傾斜のあるグリーン上でラインを読むとき、キャディーあるいはパートナーに「どれくらい曲がるか」と聞く場合があるだろう。しかし、驚くかもしれないが、どのような答えが返って来ても、すべて信用できないと考えてほしい。ただ一つの正解は、「どれくらい強く打つかによって、曲がり具合は変わる」だ。パットの曲がり具合は、ひとえに、ボールが回転する速度によって決まるのである。つまり、ボールが転がるスピードが速ければ速いほど、地球の重力の影響は弱まり、曲がる程度は少なくなる。

しかし、ラインを最大限計算に入れて柔らかくストロークするか、それとも、ラインを無視してカップめがけて真っ直ぐ、しっかりストロークするかは、どのようにして決めればいいのだろうか。

両方のリスクをよく考えてから決断を下すのが、賢明なやり方だ。グリーンの傾斜が厳しければ厳しいほど、ラインを最大限に利用してパットすべきである。そうすれば、カップをはるかにオーバーする危険は軽減できる。逆に、傾斜がそれほど厳しくない場合（特に、アップヒルのパットの場合）は、ラインはあまり気にしないで、カップめがけて強めに打つことだ。そうすれば、スパイクの跡やグリーンの表面と凹凸のせいでボールがラインからそれる危険は少なくなる。

パッティングでは、プランを練る作業はボールに近付くはるか前から始まる。グリーンに近付く際は、グリーン周りの地形を調べて、グリーンの上がっている部分と下がっている部分をあらかじめ確かめ、全体の傾斜を把握しておくことが必要だ（一般的に言うと、グリーンは山側から近くの水……池、クリーク、海など……に向かって下がっている。また、ある種のグリーンの場合は、芝目も考慮すべき重要な要素になる）。そのあとで、ボールを転がす速度を決める。

ラインを逆に読む

パットのラインの最善の読み方は、カップからボールマーカーまで逆に読むことだ。カップの周りの地形を調べ、ボールがもっとも自然にカップに転がっていく方向と、カップインする際にボールがカップのエッジと交差する正確なスポットを確かめておく。その地点が、そのカップの事実上の中央なのである。

そのあと、ラインを読みながらボールマーカーの地点まで戻り、自分が選んだスポットからカップインさせるためにボールを転がす〝通り道〟と、ボールの転がる速度をイメージすればいい（その際、ボールは初期に最速で転がるため、最初はほとんど切れず、最後のほうで大きく切れる可能性が高い点をよく覚えておくこと）。最初にカップを見たときより、曲がり具合をはるかに大きく計算に入れることになって、驚くかもしれない。おおかたのゴルファーは、パットが曲がる度合いを過小評価する。だから、たとえばフックラインの場合、ショートしてもオーバーしても、ボールはカップの下で止まってしまうのである。

パットのためのイメージ

ターゲットを胸に刻み込むためには、カップを平面に置かれた時計の文字盤に見立て、ボールは六時の方向を指していると考える。ボールがカップに入り込むスポットを、文字盤が示す時間で選ぶ。たとえば、右から左に切れるパットは、四時三〇分の地点からカップインするとか、左から右に切れるパットは七時の地点からカップインするといったイメージを抱くわけである。文字盤に示された特定の時間が、パットをする際のカップの事実上の真正面になる。

正しいペースでストロークする手助けとして、ボールがカップに入り込む様子をイメージするといい。パターをどれくらい強く振ろうかなどと考えれば、必ず災難に見舞われる。ほとんどのゴルファーは、ショートパットを「絶対に沈めてみせる」覚悟で打って、なんと二メートル近くもオーバーした経験があるはずだ。また、「ダウンヒルだからそっと打とう」などと考えると、ためらいがちに打つことになるから、ストロークが減速して極端にショートしてしまうことが多い。だから下手な考えは止めて、想像力を駆使してきちんとパットしてほしい。

アップヒルの場合は、ボールが勢いよくカップに飛び込み、奥の壁の中心部にぶつかるイメージを心に描く。そうすれば、あえて「強く打たなければ」などと思わなくても、このイメージが「しっかり打て」というメッセージを体に伝えてくれる。一方、ダウンヒルの場合は、ボールが手前のエッジからゆっくりカップに転がり込んでいくイメージを持つことだ。そうすれば、このイメージが〝ストロークは柔らかに〟という指令を、体に伝えてくれる。そして体は、オーバーすることに対する恐れから来るためらいがまったくない状態で、柔らかく伸びやかにストロークしてくれるのである。

しっかりしたイメージを抱いてパットすれば、意のままに何発もカップに命中することになって、嬉しい驚きを感じるに違いない。

〝ラッグ・パット〟とは

〝ラッグ・パット〟とは、ロングパットの中でもっとも一般的に使われるテクニックのことを言う。つまり、必ずしもカップに入れようとするのではなく、できるだけカップの近くまで寄せる目的のロングパットである。

〝ラッグ・パット〟をする際に使われるもっとも一般的なテクニックは、カップの周りに直径二メートル弱の円を想像するやり方だ。この円の内側にファーストパットを入れておけば、残るは一メートル以内のショートパットに過ぎない。このように考えてアプローチすることの主目的は、ロングパットのプレッシャーから逃れることだ。〝オーケー・パット〟の範囲まで寄せておこうとして必死になり過ぎると、体の筋肉や関節が強張り、結局はショートしてしまうか、あるいはとんでもないところまでオーバーしてしまう。大きな輪をターゲットにすれば、気楽に打てるし、あまりムキにならなくて済む。

しかし、このテクニックには難点もある。一つは、直径二メートルの円はターゲットとしては大き過ぎて、これから起こらなければならないことに関するイメージを心が体に微細にわたって伝えるには、範囲が広すぎるという点だ。イメージが特定されればされるほど、体にとって、それを実現する作業は楽になる。ターゲットがはっきりしないと、集中度を欠いたショットしかでない。

ラッグ・パットのもう一つの問題は、最初のパットでボールが円の中に入らなかったときに起こる。そのときわれわれは、「私のパットはひどい。直径二メートルの輪にも入らないのだから」と思ってしまう。がっかりして、3パットをしまいとすると、次のショートパットのことが心配になってくる。

私は、ロングパットの場合でも、ボールがエッジの特定のポイントから実際にカップに入るイメージを持つことを勧めたい。芝をできるだけ正確に読んで、ボールに可能な限りいいトップスピンをかけるだけでいい。ターゲットがはっきりしていればいるほど、いい結果が出る。

さらに、距離感に関する問題がある。ロングパットを沈める場合も外す場合も、距離は方向よりも重要な要素である。だから、カップまでの距離をできるだけ正確に判断しなければならない。インストラクターのなかには、アップヒルの場合もダウンヒルの場合も、ライン上のどこか別の地点にカップがあると考えることを勧める者もいる。つまり、ダウンヒルではカップの手前に、アップヒルではカップの奥にあると考えろ、と言うのだ。要は、上りの傾斜が険しければ険しいほど、〝ターゲットになる〟カップの位置を遠くに見ることを勧めるわけである。しかしこのやり方だと、体に二つの混同した指令を送り、同時に二つのターゲットを狙わせてしまう。イメージしたカップに届くように打とうと思っても、本物のターゲットである実際のカップを無視することは難しい。このように相矛盾する情報は、体と心が噛み合っていないことの証であり、危険の徴候だ。

だから、この手は使わないで、ボールが定位置にあるカップに転がり込む際の速さをイメージするといい。そうすれば、グリーンの読み方と距離の判断は、より正確になるはずである。

パットのペースは、ボールがカップに転がり込む様子をイメージすることができれば、それによって、どの程度しっかり打てばいいか、体が感知してくれる。すでに触れたように、アップヒルのパットは、ボールが勢いよくカップに飛び込んで奥の壁の中央部に当たる姿をイメージすること。グリーンが平らなら、ゆっくり転がり込む姿を想定する。そして、ダウンヒルだったら、手前のエッジからまるでこぼれるようにゆっくりカップインする姿を想像することが大切だ。

ハンディ6のゴルファーが、ためらわないでダウンヒルのパットを打つ方法が知りたいと言ってやってきた。われわれは、ここで述べたやり方について語り合った。ボールがこぼれるようにゆっくりカップの中に落ちていくイメージをつかんだため、このゴルファーは、集中し過ぎて筋肉を強張らせることによって、ボールをカップのはるか向こうまでオーバーさせてしまう恐怖から解き放たれ、これまでよりはるかに滑らかなストロークで、ボールを柔らかくカップまで転がすことができるようになった。次のラウンドのパット数は、わずか25だった。

パッティングのためのイメージ練習法

距離感のつかみ方

ロングパットの距離を正しくつかむためには、グリーンの速さを正しく読むことが必要だ。グリーンの速さを簡単につかむコツが身につくパッティング・ドリルを紹介しよう。

練習グリーンの平らな部分で、エッジから6、7メートルの地点にボールを数個並べる。最初のボールの前でセットアップに入り、そこからエッジまでの距離に注意を集中させる。そのあと、ふつうのストロークでエッジめがけてパットする。ボールを打ったあとも、頭は相変わらずボールがあった地点に向けておくことが必要だ。頭を上げる前に、ボールはショートしたか、オーバーしたか、あるいはちょうどエッジで止まっているか推測してみる。その後で初めて頭を上げて、ボールが止まった地点を確認する。残りのボールもすべて、このやり方で打つ。

この練習では、タッチの感覚は視覚から分離される。だからこそ、頭を上げる前にボールが止まる地点を予測することが大切なのである。そのあとでボールが止まるのを見る練習を反復すれば、速習のための〝フィードバック回路〟ができることになり、グリーンの速さをつかむ感覚は短時間で磨かれる。この練習をすれば、何回か打つだけでボールの止まる位置が正しく予測できるようになり、パットがグリーンエッジでぴたりと止まり始めることに驚くに違いない。

このドリルには、さらに二つの利点がある。一つは、ストローク中に頭を動かさない練習ができることだ。これは、正しいパットに欠かせない要素である。もう一つの利点は、この練習の目的はボールを無理やりエッジで止めることではないから、パッティング・ストロークがより滑らかで安定してくるという点だ。パッティングの名手ベン・クレンショーは、自分はカップに入れようと思わないで打ったときに最高のストロークをする、と語っている。

アップヒルのライでもダウンヒルのライでも、この練習をしてほしい。もし時間があれば、ロングパットでもこれを実行してほしい。そうすれば、実際にコースでロングパットをするとき、自信を持ってグリーンの速さを読んでアドレスに入れる。

タッチを磨くコツ

ほとんどのチャンピオン・ゴルファーは、パッティングとショートゲームに長けている。彼らは、一般的に〝グリーン周りのタッチが優れている〟と言われる。タッチを磨くために仲間と一緒にするゲームを紹介したい。

まず、ティを三本持って、グリーンの平らな地点に立つ。一本目のティをその場に刺し、二歩歩いて二本目をそこに刺し、今度は三歩進んで三本目のティをグリーンに刺す。次に手持ちのボールの数を決め、最初のパットを一番目のティから打ち、二番目のティの少し奥で止まるようにする。この練習の目的は、二番目と三番目のティの間のスペースに、できるだけ多くボールを集めることだ。その際、次に打つボールは、直前に打ったボールよりも奥に出ることが条件だ。もし、打ったボールが前のボールの手前で止まったら、ペナルティとして1点減点されるが、ゲームはそのまま続行される。次のボールも打ったばかりのボールの手前で止まれば、減点2だ。そして、ボールが三番目のティを越えれば、自分の番は終わってしまう。最終的なスコアは、二番目と三番目のティの間で止まったボールの数から、ペナルティの数を引いた点数ということになる。このゲームはアップヒルでもダウンヒルでもできるが、後者はもっとも難しい。もちろん、このゲームは一人でもできる。自分自身のベストスコアに挑戦すればいいし、友達と対戦して、プレッシャーを感じる中でタッチに磨きをかけるのもいい。

（毎回10点以上取れるようになって）このゲームをマスターしたら、二番目のティを今度は三歩先に刺す（しかし、三番目のティとの距離は前と同じにする）。そして、最終的には、二番目のティを五歩先（三番目のティとの距離は前と同じ）に突き刺す。これで毎回10点取れるようになったら、プロのタッチを身につけたことになる。

グリーン上のウォームアップ

私がこれまでにツアー選手にもアマチュア選手にも勧めてきた、パット前のウォームアップのルーティンを紹介したい。

ステップ1　ターゲットを決めずにパットする

練習グリーンの空いている場所を使って、ターゲットを特に設定しないでパットする。ここでは、単にパッティングの距離を調節するだけでいい。自分のストロークが滑らかでばらつきがないと感じるまで、この練習を続ける。

ステップ2　グリーンエッジに向かってパットする

前述の〝距離感を身につける〟エクササイズを行なう。

ステップ3　ロングパット

（八メートルから一二メートル程度の）ロングパットで、練習グリーンのさまざまなカップを狙う。カップインしたら、同じホールは二度と狙わない

ステップ4

（注　ルーティンのこの部分は、コース内のアンジュレーションの強いグリーンか、同じような傾斜と速さの練習グリーンでのみ行なうこと）

ロングパットの練習が終わったら、五メートルくらいの大きく曲がるラインでパットし、スピードと曲がり具合の関係を把握する。パットごとに、ラインとスピードを変えてストロークしてみる。カップインしたら、同じカップは狙わない。

ステップ5　ショートパット

頭を動かさないでボールがカップに入る音を聞くことに集中し、五〇～六〇センチのパットを何発か打つ。ボールがカップに入るのを、周辺視野だけで（つまり、頭を動かさずに横目で見て）確認する。このように短いパットは、繰り返し小気味よい音を立ててカップの底にぶつかるボールの音を通して、パッティングに対する自信を与えてくれる。この場合のストロークは、一メートル強から一・五メートルのパットと

ほとんど同じストロークで打つこと。

さて、パッティングに関する限り、これでもうコースに出る準備は完了した。

こう言うと読者は、「ラウンド中に、1パットで沈めなければとわれわれが考える三メートル内外のパットの練習が、ウォームアップの中に入っていないのはなぜか」と聞かれるかもしれない。実は、それには理由があるのだ。

理由の一つは、この距離のパットの場合、距離感をつかむのはそれほど難しくないという点だ。特に、前述の〝距離感を養う〟練習を積んでいればなおさらのことだ。

二つ目の理由は、カップまでの距離が六〇センチ以上になると、パットをミスする可能性が急に高くなるという点だ。〝沈めなければ〟と考えていたパットを外すと、それが練習のときであってもゴルファーの自信は損なわれる。わざわざパットをミスする練習なぞ、しないほうがいいのである。

金を数えるな

最高のショットをするためには、すでに何度も述べたように、体と心が嚙み合っていなければならないが、それはゴルファーが現時点に集中して初めて可能なことである。同じことが、一度のショットだけでなく、一つのホールについても、一つのトーナメントについても言える。

「現時点に集中する」とは、目前のショットに全身全霊で取り組むことだ。このような状況に何か……たとえば、一回のパットがスコア全体に持つ意味……が加われば、心は現在から遊離し、体との同調関係は失われる。「よしよし、これが入ればバーディーだ。これを沈めれば、生涯のベストスコアで回れるぞ。しかし、ミスしたらせっかくのチャンスがまたふいになる……」。こんな考えをするのは、まだパットしていないのに、すでにスコアカードを提出するにも等しい愚行である。歌手のケニー・ロジャーズは「ギャンブラー（博打打ち）」の中で、こう歌っている。〝（カジノのカード・テーブルで）着席中に金を数えるのは、早過ぎる……〟

だから、いま実際に起こっていることに専念すべきである。パットの構成要素は、ボールと芝とカップである。これに加えて何か別のことを考えようとすると、いやおうなしに過去（たとえば、〝これで前のホールのボギーを帳消しにして、イーブン・パーに戻れるぞ〟と考える）、あるいは未来（〝これを入れれば、トップとタイになって優勝の可能性が出てくる〟と見る）が心に入り込む。快調なラウンド中に突然調子が崩れる場合、原因の大半は前のホールか先のホールのことを考えることにある。易しそうに見えるホールを軽く見て、あとに控える難しいホールのことを心配することが、よくあると思う。ところが、その易しそうなホールで思いがけなく大叩きした自分自身に腹を立て、そのホールであしておけばよかったとか、こうすべきだったなどと考えることに次の何ホールかを費やし、結局、それらのホールでもスコアがまとまらない……。よくあることだが、このようなプレーはいただけない。

出足でつまずいたり、調子が狂い始めたとき、先のことを考えようとすると忍耐心が失われ、その日の戦略を放棄することになる。〝何かを起こそう〟として無理するあまり、危険なショットを試みるが、その結果として実際に起こるのは、勝利のチャンスの終焉に過ぎないのである。他のプレーヤーがどんなプレーをするかは、予測できないことなのだ。

相手が有利と考えて、そのホールは負けたと見たり、何かやけくそなことをしようとする場合がある。自分のショットは林に入り、相手がフェアウェイにいる場合、安全にプレーしないで、一か八かのショットをすれば、結果はおおかた知れている。だが、考えなければならないのは、相手がそこから必ずグリーンにオンする保証はないと言うことだ。よく考えたショットで林から脱出し、次打でグリーンが狙えれば、勝つチャンスはまだある。自分との戦いに負けてしまえば、初めから勝負にならない。

この逆の、「これで勝ちだ」という考え方はさらに危険だ。フットボールや野球の試合で、リードしているチームがあまりにも早い段階で〝守りに入る〟と、痛い目に遭う場合が多い。相手チームに追い付かれると、それまでリードしていたチームはふたたび攻勢をかけるエネルギーが湧いてこない。同じような理由で、マッチプレーやトーナメントで勝ったと感じた瞬間に、その先のプレーに関して抱いていたイメージは〝試合終了〟のメッセージを体に送ってしまう。すると、体全体の仕組みは、次の行動はすぐにクラブハウスに戻って一杯やることだと勘違いして、ローギアにシフトし始める。だから、次のティグラウンドに立っても、体は「ここで何をしているのだ。クラブハウスで一杯やっているはずじゃなかったのか」とでも言わんばかりの反応を見せる。このような状態では、体をふたたび起動させ、これからまだ打たなければならないショットに集中することは難しい。

突然の出来事

コースで先のことを予測し過ぎると痛い目に遭うことを示す、いい例がある。

PGAのあるトーナメントの最終ラウンドで、アレックスと他の二人の選手が同スコアで首位に立った。彼らは最終組で一緒に回っていた。1番ホールで、全員のティショットはフェアウェイをとらえた。セカンド・ショットでアレックスは、グリーンの少し手前にレイアップしたが、残りの二人はアプローチで左に引っかけてしまい、ボールは林に入った。二人ともボールは見つかったが、ライはよくなかった。アレックスはピッチングで、カップから三メートル弱の地点にオンした。

林に入れた選手の一人は、そこからなんとか脱出して3オンしたが、カップまでの距離は八メートルはあった。残りの選手の場合は、さらに難しいショットが要求された。茂み越しに、林の空間を狙って打たなければならず、しかもグリーンはピンに向かってダウンヒルだった。だが、この選手が打ったショットは高く上がり、グリーン手前で二度バウンドしてからオンし、曲線を描いてグリーン上を転がると、なんとそのままカップに入ってしまったのだった。イーグルである。そのあと、もう一人の選手は八メートルのパットのラインをじっくり読んでストロークして、直接カップイン。バーディーだった。一人だけ2オンを果たし、おまけに相手は林の中で苦労していたから、アレックスはこのホールで少なくとも1ストローク、いやあるいは2ストロークはリードできると思い込んでいた。

しかし形勢はここで逆転し、二打離されないためにはアレックス自身もバーディーで上がらなければならなくなった。だが、バーディーパットは入らず、苛立ちが高じたため、アレックスは次のホールでも同じ距離のパットを外してしまったのだった。

物事が特定の結果を生むと信じ込んでしまうと、不測の事態が起こった場合のショックは大きい。こうした事態の中で対応が特に難しいのが、運が変わって、一見有利と思われた立場から不利な立場に立たされた場合である。これは厄介な問題だ。期待は外れ、楽に打てるはずのショットにプレッシャーがかかる。このような明暗は緊張をさらに高め、さまざまな思いが頭の中を一気に駆け巡って集中力は損なわれ、平常心は失われる。そうなると、リラックスして自信に満ちたストロークができる可能性は事実上あり得ない。

このような事態には、できるだけショックを受けないような姿勢で対処することが必要だ。アレックスのように一見有利に見える立場に立ったら、相手がパットを沈める場合があることを予期しておくことが大切だった。そうすれば、相手が実際にパットを決めても、それほど動揺せずに済んだことだろう。

コースに出たら、自分自身のゲームにできるだけ集中することが重要だ。そうすれば、相手のプレーにさほど影響されないで済む。他のプレーヤーをすべて、〝同伴競技者〞(これは、ゴルフのルールにおける公式な表現である)とみなせば、気分が楽になるに違いない。事実、ゴルファーは全員、常にゴルフコースという共通の競争相手に、同伴競技者として対峙しているのである。

ゴルフでは、われわれは他のプレーヤーと直接戦うことはない。打ち難いボールを自分のほうに投げる者は誰もいないし、ショットをブロックする者もいない。殴りかかってくる相手も、もちろんいないのである。ゴルフでは、われわれはホールが終わる度にスコアを比べる(マッチプレーの場合)か、ラウンドが終わってから比べる(ストロークプレーの場合)かする。ゴルフコースに挑んで、その日最高のスコアで回った者が、勝者となる。人間ではなく、コースに挑めば、妙な想定や予測、あるいは精神面におけるその他のミスによって挫折する可能性は少なくなる。

だから、あくまでも現時点のプレーのことだけを考えるように努めてほしい。英語には、「タマゴからかえらないうちにヒヨコの数を数えてはいけない」という諺があるが、これは、「とらぬタヌキの皮算用」と同義だ。そう考えれば、たまにタマゴが潰れても、あまり失望しないで済むことだろう。

スローモーションでボールに向かえ

「ゆっくり急ぎなさい。そうすれば、目的地に間もなく到着するから」

——ミラレパ（一一世紀チベット仏教の高僧）

私のゴルフスクールに受講生としてやってきたクリスは、優れたジュニアゴルファーだった。〝トップで急いでしまう〟ため、スウィングが思うようにいかないのが悩みの種だった。これは通常、トップからダウンスウィングに入るタイミングが早過ぎることを意味する。切り返しが早過ぎる、つまりバックスウィングが完了しないうちにダウンスウィングに入ってしまうのである。クリスは自分のスウィングのルーティンを行ない、ボールまで歩いたあとのセットアップの取り方と、その後のスウィングを見せてくれた。少年は、かなり意気込んでアドレスに入っていた。そこで私は、彼のプレーのペースについて尋ねてみた。「すごく速いと思います」とクリス。「ボールのある地点までいって、ショットするのが待ち切れません」

これからは、スウィングをまったく変えずに、スローモーションでボールに歩み寄ってからスウィングのルーティンをやってごらん、と私はクリスに告げた。クリスは面食らったようだったが、それでも注文に応じた。そして、トップで急がなくなっていることに、びっくりしたのだった。

若げのいたりでショットすることに夢中になり過ぎるため、クリスのテンポは気がつかないうちに、少しずつ速まっていたのである。これはちょうど、車を運転中に知らず知らずのうちに制限速度を越えてしまうのに似ている。スピードは少しずつ上がるため、運転している本人は気がつかない。スピードが上がるたびにそれに慣れてしまうため、さらに少し速くなっても気付かないのである。制限速度をはるかに越えていたことを実感するのは、あとになってからのことだ（心理学では、認識できる度合いの増加はJust Noticeable Differenceの頭文字を取って、〝JND〟――日本語では〝丁度可《ちょうどか》知差異《ちさい》〟――と呼ばれている。JND以下のレベルで環境あるいは行動にきたした変化は、心は感知せず、体はそれに順応して正常な状態として受け入れる）。

それまで慣れていたスピードを落とすと、今度はずいぶん低速で運転しているような気になってくる。時速一〇〇キロで走っていたものを、八〇キロまで落とせば、せいぜい六〇キロ程度でしか走っていないような感じがするのである。

クリスはルーティンをかなりせっかちに行なっていた（そのため、トップにおける切り返しも早かった）が、そのスピードに慣れていたため、自分としては特に早いとは感じていなかった。私に言われたとおり、ボールにゆっくり歩み寄るようにしたら、クリスのスウィング全体のテンポが緩やかになった。実はそれが、クリスの本来のテンポであり、その結果として現れたのは、彼本来のスウィングだったのである。

〝ゆっくり歩いてアドレスに入る〟練習は、あらゆるレベルのアマチュア・ゴルファーに好結果をもたらす一方で、ツアー選手やその他のトップレベルのゴルファーにも役に立つ。優れたゴルファーは、精密なテンポとタイミングでプレーする訓練を積んでいるから、ほんの少し調節するだけで試合の結果に大きな変化をもたらし得る。ある年のＰＧＡのＱスクールで私は、学生時代は全米代表選手として活躍し、以前はＰＧＡツアーで戦った経験のあるアンソニーと、もう一人のプレーヤーと一緒に昼食をとった。食事が終わるとすぐに、アンソニーは練習場でスウィングの調整をしなければなりませんから、と言って席を立った。トップで急いでしまう、ということだった。

私は、スウィングのテクニックを変えずにトップを調整する方法があるが、試してみないかと提案した。つまり、スウィングはいっさいいじらないで、単にボールまで歩くペースを落とすやり方を勧めたのである。

次の日、アンソニーはまるで忍び足で歩いているような格好でボールに近付き、みごとなショットを連発した。彼は、その日のベストスコアで回ったあと、私にこう言った。「先生、今日はうまくいけば59で回れるのではないかと思いましたよ」。

張り過ぎず、緩め過ぎず

音楽を生業とする者が、瞑想について教えを乞うため釈迦の許にやってきて、こう尋ねた。

「瞑想の練習をするとき、心はどのような状態に置くべきでしょうか。一生懸命瞑想に集中して、心を厳しく抑制すべきなのでしょうか。それとも、気楽に構えて、自由にしてやるべきでしょうか」

釈迦は、一つの質問をすることによって答えた。「楽器を調律するとき、弦を張り過ぎたり緩め過ぎたりするだろうか」。

男は答えた。「弦は、強からず弱からず、ちょうどよい程度に張るように致します」。

それを聞いて、釈迦はこう宣った。「瞑想するときは、心は楽器の弦を調節するのと同じ状態にしてやればいい。つまり、張り過ぎず緩め過ぎず、適度の張りを持たせるのだ」。

これは、仏教でもっとも古くから伝えられている話の一つで、釈迦が弟子の質問に答えて折に触れて語った、瞑想の教えの集大成の中から引用したものである。釈迦のこの教えは、ゴルフばかりでなく、人生の多くの側面を鋭く突く真理である。たとえば、（拳が血を失って白くなるほど）強くグリップを握ると、タッチが失われ、手首と手を十分にリリースできなくなる。逆に、グリップが緩過ぎると、クラブが手の中でぐらつき、だらしないストロークになってしまう場合がある。要するに、ナイスショットしようとムキになり過ぎて体の筋肉が硬直すると、伸び伸びしたスウィングはできなくなるし、気楽に打とうとし過ぎると、ショットに集中できなくなるから、スウィングが雑になってしまうということだ。

現代のスポーツ心理学は、選手の出来栄えと〝やる気〟の度合いとの関係を分析することによって、〝強からず、弱からず〟の原理を実証している。選手が〝やる気がない〟場合、出来栄えはあまりよくない。結果なんかどうでもいいという態度だから、真剣に努力しようとはしないし、エネルギーも湧いてこない。これでは、〝緩み過ぎ〟である。やる気が高まれば、出来栄えのレベルも高まる。そして、最高の出来栄えは、選手が適度にやる気を出したとき……つまり、〝張り過ぎず、緩め過ぎず〟の原理を実践したとき……達成される。それ以上やる気を出すと、出来栄えに陰りが出始める。やる気を出し過ぎれば、性能は鈍る。つまり、感情をむき出しにすれば、人間は極端に無力になるのである。〝(弦を) 強く張り過ぎる〟と、そうなってしまうのだ。

〝適度のやる気〟こそ、最高の出来栄えをもたらす心理的に格好なレベルである。〝適度のやる気〟のレベルは、人によって少しずつ異なるが、これは楽器の弦によって、最適の張りの程度が異なるのと同じことだ。釈迦に教えを求めた男が、自分の楽器が最高の音を出すために必要な弦の張り具合を具体的に表現できなかったように、特定の個人にとって理想的な感情のレベルは、他人が正確に言い当てることはできない。それは、自分自身で直感的に感じるべきものなのだ。しかし、やる気の度合いを具体的に口にすることはできなくても、少なくとも、〝張り過ぎず、緩め過ぎず〟とは言えるはずである。

飛距離を欲張ると

われわれはいつも、ドライバーの距離を少しでも伸ばしたいと願っている。だが、ほとんどの場合、その逆の結果が出ることが多い。幸いボールが見付かったとしても、ボールはふだんほど飛んでいない。

ゴルフのスウィングは、筋肉の順序立った一連の動きである。仮にある筋肉を強張らせることによって、この流れを少しでも妨害すると、滑らかな連鎖運動は損なわれ、体全体の動きも、スウィングの軌道も、インパクトもすべて狂ってしまう。アベレージ・ゴルファーが〝より遠くへ飛ばそう〟とすると、実際には筋肉に過度の張りが生まれ、その結果、スウィングアークは短くなり、両腕の鞭のような動きは鈍って、飛距離は落ちる。だから、ボビー・ジョーンズは次のように語っている。「飛距離をあと数ヤード伸ばそうとして最後の一瞬に力むことは、ティグラウンドでゴルファーが犯す大半の間違いの原因だ」。

自意識の罠にはまるな

ほとんどのアベレージ・ゴルファーは、ボールをできるだけ遠くに飛ばそうとする。これは、自意識のなせる業だ。われわれは、特定のクラブで打つショットの距離が、われわれの人間的価値に比例すると見る傾向がある。しかし、ゴルフというゲームでは、ムキになって飛距離を伸ばそうとするのは的外れな考え方だ。スコアを縮めるためには、ショットの正確性と安定性のほうがはるかに重要なのである。

ツアープレーヤーは、大半のショットを80パーセントの力で打つ。つまり、〝余力を残して〟プレーしているのだ。目的は、安定してスムーズなスウィングでボールを打ち、それぞれのクラブでいつも同じ距離を出すことである。

アベレージ・ゴルファーは、ほとんど毎回、アプローチを極端にショートする。これも、自意識のせいだ。コースに出るとわれわれは、完璧なショットをしたときだけカップに届くようなクラブを、あえて選択する。そのため、意識下で〝ボールを力いっぱい叩こう〟とする傾向が生まれ、その結果、あらゆる問題が発生する。このような姿勢では、決して完璧なショットは出ない。だから、ボールがターゲットまで飛ぶことはほとんどあり得ない。ショートしたあと、アプローチをし直す羽目に陥ってわれわれが選ぶのは、今度は、完璧なショットが出れば確実にグリーン・オーバーしてしまうようなクラブだ。しかし、半分くらいしか飛ばないことが多いから、ボールは通常、図らずもカップからあまり遠くない地点で止まる。

ティショットはいつも〝レイアップ〟のつもりで

レイアップすれば、ほとんどのゴルファーはいい結果に見舞われる。レイアップの目的は、単に、次のショットが打ちやすい地点にボールを運ぶことに過ぎない。ここでは、できるだけ遠くに飛ばすことも、カップの側につけることも、努力目標ではない。レイアップのショットでは、通常はハザードの側は狙わない（レイアップの本来の目的は、ハザードを避けることなのだ）。

このような理由で、レイアップ・ショットをする場合にはあまりプレッシャーはかからないから、ほとんどの場合、スムーズでリラックスした、リズミカルなスウィングができる。また、最高のショットが出る場合も多い。

あるとき、ドライバーが非常に不調だったため、ナイスショットの出る3番ウッドでティショットすることにしたという生徒がいた。しかし、どうやら3番ウッドもドライバーなみに調子が狂ってきたらしかった。この生徒は、〝距離稼ぎ症候群〟に冒されていたのである。彼は、どのクラブを握っても、ティショットをできるだけ遠くに飛ばそうとしていた。その日の午後に行なわれたレッスン・ラウンドの冒頭で私は、ティショットをレイアップ・ショットとみなして、3番ウッドで楽に届きそうなフェアウェイのスポットを選ぶように、と彼に言った。リラックスしてスウィングし、ショットがフェアウェイの真ん中を飛んでターゲットの先までいくのを見て、彼は喜んだ。

読者の皆さんも、ミドルホールとロングホールのティショットは、すべてレイアップ・ショットとみなしてほしい。どんなクラブを使っても、決してできるだけ遠くまで飛ばそうとしないで、楽に届くフェアウェイの安全な地点をターゲットとして選ぶこと。そうすれば、無理なスウィングをする必要はなくなるし、ナイスショットが出る可能性は高くなる。また、リラックスしてスウィングできるから、何度打っても、ボールが想像以上に遠くまでフェアウェイの真ん中に飛んでいくことに、びっくりするに違いない。

高望みの果て

ブライアンは一二年前にPGAの〝Qスクール〟に入ったが、以来、毎回不合格だった。Qスクールとは、プロ志望者のための一連のトーナメントで、合格者は決勝の厳しい六ラウンドで決まる。出場者全員の翌年のキャリアがかかっているから、決勝のプレッシャーは尋常ではない。

私がブライアンに会ったのは、Qスクールの決勝ラウンドの二カ月前のことだった。彼は私に、ゴルファーとしての経歴、自分の夢と不安、長所と短所などについて話してくれた。われわれは、どのようにしてショットに備えるか、そして、結果がよくても悪くても、それにどのように対応すべきかについて語った。ブライアンもその他多くのゴルファーも、快調に飛ばしているうちに、惨めな結果に対する恐れが突然首をもたげて伸び伸びしたスウィングを妨げ、墓穴を掘ってしまうことが時たまある点にも触れた。話し合いの結果、ブライアンは、ゴルフとコースにおける自分の振る舞いを、新しい観点から見るようになった。トーナメントまでの二カ月間で、われわれは彼のプレーの質に重大な影響を及ぼす、次のような重要な問題点を洗い出した。

＊現時点のことだけを考え、自分または他人の結果（スコアと順位）に関する考えに煩わされないこと。

＊平常心を養い、集中力を高めること。これは、落ち着いて行動し、毎回アドレスに入る前に、意図したショットのイメージを心に明確に描くことを意味する。
＊自分のスウィングとボールをとらえる能力を信じること。好調なホールがしばらく続いても、〝どうせそのうちに大叩きするさ〟、などという否定的な考えはいっさい捨てる。
＊ミスを犯しても、あまり自分を責めないこと。怒り、興奮、失望などの強い感情を抑える。

そのあと、われわれは間近に控えたトーナメントでの、ブライアンの目標を設定した。しかしこれは、スコアと順位の絡む一般的な結果志向の目標ではなく、われわれが洗い出したいくつかの問題点に関する、トーナメントの最中での目標だった。つまり、ショットごとにいいイメージを抱いて打つことと、目先のショットに専念し、十分な準備を行なってからショットすることである。もっとも重要なことは、「途中で手抜かりがなければ、自ずとよい結果が出る」ことを信ずるという点だった。

肝心なポイントを思い起こすために、ブライアンは、ショットする前に毎回参考にするヤーデージ・ブックの表紙に、次のような文言を記したのだった。

現時点のことだけを考えるために、彼が書いたのは、「一度に一ラウンド、一度に**1ホール、一度に1ショット以上のことを考えるな**」だった。

平常心と集中力については、こう書かれていた。「**落ち着け。そして、イメージを鮮烈に**」

そして、自分自身を信じ、実力の範囲でプレーすることについては、「**特別なことをしようと思うな。高望みは禁物**」とあった。

ブライアンは、決勝のほぼ全ラウンドにわたってこれらの心得をみごとに実践し、快調に飛ばした。そして、30アンダーパーの最終スコアで、PGAツアーの多くのベテランを交えた合計一七〇名の出場者の中で二位に入ったのだった。ブライアンは、自分がそれまでに戦ってきたプロトーナメントの中で最高のプレーをした。しかも彼は、それを自分にとってもっとも厳しいトーナメントで、みごとに果たしたのである。

結果への対応
RESPONSE to Results

「結果への対応」は、〝PAR〟式戦略の第三段階である。成功したら自信を深め、失敗しても自分を責めることなく何かを学ぶ……。このように対応することがもっとも望ましい。本項では、ユニークな〝ショットのあとのルーティン〟を通して、否定的な思考と自己破壊的な振る舞いの存在を認識し、それを排除する方法、そしてプレーにとって有害な習慣を変える簡単で強力なテクニックを取り上げる。いいショットを打ったら率直に喜んで自分自身を奮い立たせ、まずいショットが出ても心の動揺を最小限に抑え、どんなことが起こってもユーモアのセンスを忘れず、自分を責めることを止める……。あらゆる結果に対して以上のように対応すれば、成功につながる最高のチャンスに見舞われるのである。

ショットのあとのルーティンの勧め

ゴルファーは、いい結果を再現するために努力するかたわら、失敗から学ぶことが必要だ。ナイスショットの場合もミスショットの場合も、大半のゴルファーの対応は共通している。フェアウェイの真ん中にティショットを打った場合、われわれはボールが着地する前に屈み込んでティを拾い上げる。だが、ミスショットすると、着地するまでボールから目を離さず、そのあとで腹を立てる。

ここに挙げるのは、こうした反応の逆をいく〝ショットのあとのルーティン〟である。思い通りのショットが出たら、ある程度は感情をあらわにしてもいい。「よし！」と心の中で言ってもいいし、別の表現を使ってもいい。そうすることによって、ナイスショットの体験が自分にとって、より価値あるものになるからだ。フィニッシュの姿勢を取ったまま、着地するまで白球が描く放物線を目で追うこと。そうすれば、ナイスショットのイメージが心に焼き付けられるから、同じようなライからショットしたり、あるいはさらに難しい状況で同じようなショットを打つ必要が生じたとき、その経験が生かされるわけである。これはいわば、自分の「ベストショット・ビデオ図書館」にその一打を収蔵しておくようなものだ。

しかし、ひどいショットをしたときは、感情を爆発させるのを止めて、いくぶん覚めた感情で現実を理性的に考えるようにする。「フン、これは面白いことになったぞ」と思えれば上出来だ。ショットの結果をさらに突き放して考え、「これは自分らしくないショットじゃないか」と呟くのも悪くない(これを勧めると、ゴルフスクールの生徒たちはたいてい大笑いする)。誰でも、初期の反応はおそらく怒りや苛立ちだろう。しかし、直情的な対応はできるだけ早く抑えることが重要だ。感情に押し流されると、起こったことの本質が正しく理解できなくなる。感情の嵐の中では、洞察力は生まれない。冷静さを保てば、たった今体験したことを熟慮し、そこから何かを学ぶことができるのである。

ミスショットが出ると、たいていのゴルファーは(冷静さを取り戻し、こばすのを止めたあとで)原因を確かめようとする。私が勧めるショットのあとのルーティンでは、ここで**スウィングをいじろうとしない**ことが極めて重要だ。確かに、ミスショットは自分が行なったスウィングの結果である。しかし、そのようなスウィングになったのは、何かのせいなのではないだろうか。そのショットを打つ前に、スウィングの仕方を忘れてしまったわけはない。何か、邪魔が入ったのだ。だから一歩退いて、何が本来のスウィングを妨げたのか考えてほしい。ショットへの準備と精神状態は完璧だったか。ナイスショットがしっかりイメージできていたか。選んだクラブとショットのタイプに十分な確信を持っていたか。スウィングを始めるとき、落ち着いていたか。そして、心の準備はできていたか……。

スウィングしている間、スウィングのテクニカルな部分にこだわり過ぎていなかったか。自分のスウィングを信じていたか。それとも、スウィングを意識的にコントロールし、ボールを置きにいこうとしなかったか。あるいは、例の〝取り敢えずショット〟をしなかったか……。

以上の点を熟考した上で、心の準備は万全だったと感じたら、アラインメント（方向取り）、ボールの位置、あるいはセットアップの姿勢に関わるその他の面を再検討してほしい。

以上のうちの一つでもミスショットの原因になっているとしたら、自分のスウィングに疑問を抱いたり、調整しようなどとしなくていい。次のショットで、直すように最善を尽くせばいいのである。

スウィングにどのような問題があったとしても、コースで調整しようとするとまず失敗に終わることを、忘れないでほしい。ラウンド中にスウィングを修正しようとすると、欠点を補うはずの動きが複雑に絡み合い、体はもつれてしまう。だから、スウィングがまずいと思っても、決して修正しようとしてはいけない。

ゴルファーの心には悲観論者的な部分があって、何かいいことが起こってもなかなか納得しない反面、よくないことが起こると、それをすぐに最悪の事態と受け止めてしまう。たとえばわれわれは、何ラウンドもプレーして、何ホールもパットをカップにねじ込んでからでないと、自分はパターがうまいと思わない。しかし、パットが入らなくなると、われわれはたちまちパターが下手だと思い込んでしまうのである。そして、たった一度のミスショットを、スウィングに何か問題がある徴候ととらえてしまう。前に述べた無限の自信に基づく視点を持てば、たった一つのミスショットで自信を喪失することはなくなるのである。

記憶の力

腹立たしい思い出や消極的な考え方がわれわれの行動に著しい影響を与えるのは、なぜだろうか。成長の過程で、われわれは正しい行為を求められ、悪い行為は罰せられた。コースに出ても、われわれはそのような目で自分自身を見て、自らに完璧を期し、ミスショットが出ると自責の念に駆られる。だから、リラックスしてプレーを楽しむことがなかなかできないのは、当然のことだ。

感情を掻き立てるような体験は、一般的な体験より深く記憶に刻み込まれる。そのような体験の中で喚起された感情の余韻は深く、人の行動に特別の影響を及ぼす。人間の脳はそのように〝配線〟されているが、これは先史時代から受け継がれてきた生き残りのためのメカニズムなのである。

仮に、石器時代の穴居人の女が大岩の向こう側で剣歯虎《けんしこ》の巣に出くわして怖い思いをしたとする。その場合、自分の生き残りのために、この女はその大岩のことを記憶しておけば役に立つ。同じことは、嬉しい体験をした場合についても言える。もう一つ別の大岩の向こうで、よく熟した果物が枝もたわわに実った林を見つけたとする。この場合も、穴居人はこの大岩を本能的に記憶に止める。しかし、大岩の向こうまで歩いても、そこで見たものはさらに多くの大岩だけだったとしたら、貴重な脳の機能を使ってまで、わざわざこの大岩を覚えておく必要はないのである。

さて、もしここで私が、二年前の今日とった朝食の内容を尋ねたとしたら、読者はおそらく覚えていないだろう。しかし、もしその日の朝食時に、奥さんから第一子を身籠もったと聞かされていたとしたら、その瞬間も朝食の中身もおそらく鮮やかに思い出せることだろう。同じだけの時間が流れたとしても、これら二つの経験の一方には、はるかに多くの感情が込められているから、まざまざと思い出すことができるわけである。

一メートルのパットを決めたとき、いささか安堵することはあっても、ふつうあまり大きな感動は湧いてこない。しかし、そのパットをミスすると、われわれは苛立ちと怒りで反応する。そのような感情的反応は深く記憶に刻み込まれる。ということは、次に同じような距離のパットをする場合、前のパットをミスしたイメージが頭に浮かんでくる可能性が高いことを意味する。

そして、不吉な予感はほどなく的中し、われわれはパットが下手だと思い込む。このような負の連鎖反応は、シニアゴルファーがパッティングで苦労する一つの理由だ。精神の安定性に問題があるのではない。彼らは、若い連中より多くのミスパットを記憶しているだけのことなのである。

コース(あるいは人生)における特定の状況に関して、よくない記憶をどっさり引き摺っていれば、同じような状況に直面した場合、どうせまた失敗するに違いない、とはなから考えてしまう。「悪い予感は的中する」(166ページ)の項でみたとおり、物事を否定的に考えていると、結果は必然的にそのとおりになってしまうのだ。だから、ミスショットに対する悲観的な反応に圧倒されないことが非常に重要だ。ショットのあとのルーティンでは、悲観論者からクールな傍観者に変身するために、最善を尽くしてほしい。窮地に立ったら、「なるほど。これは面白いことになったぞ」と言える心の余裕を持つことをお忘れなく。

怒れる男の末路

あるとき禅師が、癇癪を抑えることができないと嘆く弟子の話を聞いていた。弟子は言った。「先生、私は怒れる人間です。どうか私が変わるようにお助け下さい」。「大問題のようだが」と禅師。「まず、お前のその怒りとやらを見せてくれ」。弟子は答えた。「先生、それはできません。いま、私は怒っておりませんから」。「では、いつ怒っている姿を見せてくれるのかね」。「わかりません。怒りは突然湧いてきて、私自身も驚くのです」。「それなら、お前の言う怒りは、お前の本質ではあり得ない。もしそれが本質なら、いつでも怒りをあらわにすることができるはずである。怒りが常に心に宿っているわけではなく、怒ってみせようと思っても怒れないのなら、お前は本来怒れる人間ではないのだ」。

この逸話は、極めて重要な点を示している。われわれの癖を生来の人間的本質の一部とみなせば、努力しても自己改造は不可能ということになる。しかし、われわれが行なうことのほとんどすべてを、一つの習慣あるいは複数の習慣の組み合わせとみなせば、いつでも改造できる可能性があることになる。

ここで、同一人物を二つの異なった形で描写してみよう。最初は、「怒れる男があそこを歩いている」。二番目は、「怒る癖のある男があそこを歩いている」。さて、どちらの表現が、自己改造の可能性を示唆しているだろうか。ほとんど誰でも、二つ目の表現を選ぶ。そのわけは、ある人物を〝怒れる人間〟と呼んだ場合、われわれは怒りはその人物の本質の一部であると認識しているからである。

一方、ある人物は怒る癖があるということは、怒りが本性の一部だということを意味しない。もし癖で怒るなら、それがどんなにひどい癖であっても、変わる可能性はある。だから、われわれ自身あるいは他人の振る舞いを、本質ではなくて癖と考えると、世の中は明るく見えてくる。

さて、コースにおけるわれわれの振る舞いについて考えてみよう。スウィングの最中だろうと、スウィングのあとだろうと、あるいはショットとショットの間だろうと、それをわれわれのゲームの恒久的な本質ではなくて、変えることが可能な癖であると考えると、はるかに対処しやすい。

コースで味わうもろもろの感情に対応する際は、こうした考え方は特に役に立つ。怒りのような感情は、抑えようとすると内にこもる。そして最終的には爆発する。それも、もっとも都合の悪い瞬間に爆発することが多い。怒りを発散させ、態度で示せば、その場ではせいせいするかもしれない。それは、クラブを放り投げる癖のあるゴルファーの精神性の所以である。しかし、そうしたところで、決して怒りを心から一掃することにはならない。怒りをあらわにすることによって、怒りはむしろさらに強まり、その結果本人はさらに何回も醜態を演じる羽目に陥るのだ。

この問題の解決の手掛かりは、自分の感情を無理に捨てようとしないで、自分の姿勢を変えることにある。感情は、抑圧しても、のさばらせてもいけない。怒りの激しさだけを認め、その背景はいっさい無視すればいい。そうすれば、ひどいショットに対して爆発させた怒りのエネルギーは、次のショットへの集中力に転換できるのである。

花を咲かせる法

花は、どうやって咲かせるのだろうか。誰も、茎を引っ張って背丈を伸ばそうなどとはしない。早く開けとばかりに、蕾を開いて花弁をむき出したりもしない。そのように無理に咲かせようとすれば、逆効果になり、花は枯れてしまう。

力ずくで咲かせようとしないで、花を育ててやることが必要なのである。つまり、日光、水、土、肥料などからなる、適正な条件を花に与えなければならない。しかしこれは、花が〝育つ〟ために必要な環境に過ぎない。では何が、実際に花を咲かせるのだろうか。

花を咲かせるのは、外的要因ではない。育ち、花びらを開くのは、花の本性なのである。成長のために必要な条件が満たされれば、みごとな花が自ずと咲く。花は、あえて咲こうとして努力する必要はないのだ。

この原理は、学習と発展の過程で、ゴルフばかりでなく人生行路の全般における習慣を変える際にも、適用できる。われわれの本質は基本的に善良であり、物事を正しく認識する力と、学び、成長する勢いを備えている。だからわれわれは、ちょうど花の場合と同じように、無理に自分を変えようとする必要はないし、学んだり成長するために、過度に努力しなくてもいい。学び、成長することは、われわれの本質なのだから。われわれがすべきことは、自分自身を適正な環境に置く努力だ。このような環境は、無制限の自信という新鮮な空気と、生来の基本的善良さという土と、判断を交えない認識という日光と、レッスンと練習という肥料から成る。これらの要素がわれわれの環境を構成すれば、学び、成長しようとする本来の素質は必ず開花する。

花は、何かに妨げられて日光や水を浴びることができなくなれば、咲かないことを覚えておくことは大切だ。われわれは、学習し実践するためにもっとも望ましい環境を妨害するあらゆる障壁を、なんとしても取り除かなければならない。悲観的な自問自答は、自信の流れを閉ざしてしまう。恐れ、不安、自己不信などの感情は、リラックスして、伸び伸びとスウィングすることを不可能にする。自尊心とショットの結果を同じレベルでとらえれば、プレッシャーがかかる。恐れ、苛立ち、羨望、落ち込みといった感情にとらわれると、動揺の暗雲が立ち込め、現状認識の日光は遮断されてしまうのである。

古い言い伝えがある。「うまくいかなかったら、うまくいくまで何度でもやり直せ」だ。やり直す方法……それは、何かをするというよりは、自分自身を信じることになるが……がきちんとわかっていれば、これは真理だ。残念ながら、ゴルフでは、何かをもっとうまくやろうとすると、緊張が高まり、ものを考える心を抑制しようとする。これはちょうど、脱出しようとしてもがけば、もがく砂の中に潜ってしまう、砂地獄のようなものだ。スウィングを直そうと思えば思うほど、われわれは自意識過剰になって、考える心はさらに強く抑制される。そのため、スウィングのテンポと流れに支障をきたし、スウィングはさらに狂っていく。意図した地点にボールを送り込もうとすればするほど、伸びやかにスウィングすることよりボールを置きにいくことに夢中になり、その結果ショットはさらに乱れる。

ゴルフをしていても、その他どのようなことをしていても、学習し成長するためにわれわれにできる最善のことは、われわれの人間としての根本的な資質を信じ、それが開花するために最適な環境を造り上げることだ。次項、「器の中の小石」では、まさにそうするためのテクニックを取り上げる。

器の中の小石

若い僧が毎日、瞑想にいくばくかの時間を費やしていた。僧は、瞑想中に自分の心を去来するさまざまな考えのうち、いくつが〝善〟(よい行ないに関するもの)で、いくつが〝不善〟(憎悪、欲、偏見などに基づく行為)なのか、知りたいと思った。僧は、小石を集めて目の前に盛ると、体の左右に器を一つずつ置いた。そして瞑想中、小石を一つ、善い考えが起こったら左側の器に、善くない考えが起こったら右側の器に置いたのだった。一日目が終わって器を見た僧は驚いた。なんと小石は、全部、〝不善〟の器に入っていたのである。しかし僧は、その結果を基にただちに自分自身を判断することを避け、毎日瞑想を繰り返した。数日たつと、二つの器の中の小石の数はほぼ同数になっていた。そして、さらに数日後、小石はほとんど全部、〝善〟の器に収まっていたのだった。

数千年前に書かれた仏教の経典に見られるこの話は、習慣を変えるために役に立つ、簡単で強力なテクニックを説いている。自己錬磨への意図と、自己評価を避け、自分のありのままの姿を観察しようとする姿勢が一つになれば、学習という名の花は自然に開花する。無理をして本来の自分以外の人間になろうとすることによって、習慣を変える必要はない。それは、花を咲かせるために花弁をけいでしまうことに似ている。学習し、成長することが人間の本質であると信じることができれば、われわれがすべきことはただ一つ、〝小石を器に入れ〟続けることなのである。

逸話の中の若い僧が、善いことを考えようとする意図を持ったのと同じように、われわれは悪い習慣を変えようとする明確な意図を持たなければならない。そして、変えようと願う習慣的な振る舞いの存在を認識し、価値判断を下さずにそれをひたすら観察するのだ。このような意図と認識は、花に降り注ぐ日光と水のようなものだ。

自分の癖を認識することに集中しても、自分の人間としての資質を評価することは避けなければならない。そこで自己評価を行なってしまうと、感情のエネルギーが湧き起こって学習の邪魔になる。このような評価は、わが恩師チョギャム・トゥルンパによる造語、〝否定的連鎖反応〟の発露だ。われわれは何か善くないことをすると、それを行なったことで自分自身を責める。何かに腹を立てると、腹を立てたことで、今度は自分自身に対して腹を立てる……。この種の自己評価は、われわれの意図とは逆の効果をもたらす。感情のエネルギーを特定の習慣に向けると、実際にはその感情はさらに高ぶり、再発する可能性はより大きくなる。

しかし、変えようと願っている習慣を冷静に観察する努力を払えば、毎回それが頭をもたげるたびに、次第にその徴候に早く気付くようになってくる。最初は、習慣的に振る舞ったあとで気付く。次に、ちょうどそれが始まろうとしている段階で認識できるようになる。やがて、習慣的に振る舞おうとする衝動の存在に気付き、事前に自制できるようになる。そして最終的には、そのような衝動自体が起こらなくなるのである。

成長への意志と自己のありのままの姿を冷静に認識しようとする意識を持てば、われわれは広い範囲で習慣を変えることができる。体の動き、話し方、心の持ち方などの絡む習慣も、この範疇に入る。たとえば、ほとんどのパットをショートする癖は変えられるし、ミスショットして自分は駄目だと思う癖も直る。ラウンドが終わる前にスコアのことを考える癖も、立派に変えることができるりである。

習慣の変え方　チェック・マークの効用

習慣や癖を変える方法はたくさんある。その一つは、逸話の中の若い僧が器の中の小石を数えたように、習慣や癖が出た回数を単に数えることだ。しかし、コースに小石と器を持っていくのは少し変だから、私は生徒にスコアカードかヤーデージ・ブックを使わせている。変えたいと思っている特定の癖をそこに書き込み、それに気付いたたびにチェック・マークをつけるのである（ツアープロのシェーンは、これを〝チェック・トリック〟と呼んでいる）。そしてラウンド終了後、チェック・マークの数を数え、その日はそれ以上のことはしない。数ラウンド回るだけで、チェック・マークの合計は著しく減っていくことに驚くに違いない。

一例を挙げよう。以前はＰＧＡのツアープレーヤーだったラスは、大半のショットが気に入らず、不満をもらす癖があった。仲間はそんな彼をからかっていたが、実はうんざりしていたのである。ラスはこの癖を自分で直そうとしたが、うまくいきそうになかった。そして、不満をもらす自分に嫌気がさせばさすほど、ラスはこれまで以上に愚痴をこぼすようになっていった。なんとかしなければ、と彼は思った。ラスのコーチを始めたとき、この癖を直すことが、ラスと私にとっての最初の〝ターゲット〟になった。

私はラスに、スコアカードの最後の行に〝こぼすこと〟と書き込み、打ったあとでショットについてなんらかの不満を口にしたら、毎回チェック・マークを書くように指示した。そして、この癖をプレー中に止めようと思う必要はないが、癖が出たことに気付いたら、毎回チェックするだけでいいと念を押しておいた。

最初のラウンドで、ラスは六〇回、ショットをなじり、自分をなじった。だがその数は、次のラウンドでは二二回に減り、さらにその次のラウンドでは七回に減っていた。そして、四つ目のラウンドでは、その数はゼロになったのだった。

彼はそのあともショットの結果に対する自分の反応を意識して見詰め続け、予想外の効果に気付いた。もし不満を述べないとしたら、ラスはミスショットにどう対応するかという点について、私は何も言わなかった。彼は、林に打ち込んだときの自分の新しい対応の仕方について、次のように話してくれた。

「以前なら、〝ああ、これで終わりだ〟と呟くだけでした。でもいまは違います。少しでも隙間があると、〝ここからピッチングでフェアウェイに出せば、9番アイアンでアプローチできる。そうすれば、ピンをデッドに狙って、パーがセーブできる〟と思えるようになりました。お陰で、プレーの質も以前とは大違いですし、ゴルフが前よりも楽しくなりました」

〝取り敢えずショット〟を避けることは、悪い習慣を直すことがあらゆるゴルファーを益することを実証する好例だ。〝取り敢えずショット〟が惨めな結果につながることがわかれば、それを避けようとする動機と意図が芽生える。そのような意図を持ったら、ラウンドするときは常に、〝取り敢えずショット〟をしてもその事実に基づく自己評価はいっさい行なわず、そのようなショットを打ったという事実だけを毎回認識すること。ラウンドが始まる前に、スコアカードのプレーヤー名を記入する欄の側に〝取り敢えずショット〟と書いておく。そして、〝取り敢えずショット〟だったと考えるショットが出たら、当該のホールにチェック・マークをつけていくのだ。そのようなショットが出ても、決して自己評価や自己批判をしないことが大切だ。〝取り敢えずショット〟が出たことだけを認め、チェック・マークを書き込むだけでいい。

癖を直す過程は、自分を〝褒めてやる〟ことによってさらに大きな効果を発する。あらかじめスコアカードに〝お見事〟の印を記入しておいて、〝取り敢えずショット〟や、その他直したいと思っている癖が事前に察知できたら、その都度、チェック・マークを記すようにするといい。

また、この〝チェック・トリック〟方式を使えば、ラウンド中にゴルファーが決してしてはならないことをしてしまう習慣を変えることができる。〝してはならないこと〟はたくさんあるが、ここにいくつか例を挙げておく。

＊先のことを考えること。スコア、残りのホール、試合の結果、（選手の場合）プレスに対するコメントの内容、など。
＊済んだことに拘泥すること。前のホールのミスショットを思い出して、いつまでも自分を責める。過去を思い出し、よかったショットやラウンドの思い出に浸る。
＊パットやアプローチをショートすること（これはハイハンディのゴルファーに共通の癖である）。
＊自分の益にならない独り言を言って、次第に落ち込んでいくこと。自分に腹を立てて、クラブを放り投げること。
＊避けたいと思う状況をイメージしながら、恐る恐るスウィングすること。

1から5の尺度で採点する

以上は、やってはいけないことの例だが、タブーではなくても、その度合いによっては問題になる癖もある。そのような癖は、一定の尺度を使って評価するといい。まず、もっと出てほしい癖と、出てほしくない癖を自分ではどのように考えているか判断する。そしてそのような癖が出る度合いを、1から5の尺度で評価する（1を最高、5を最低とする）。たとえば、自分が望んでいるように、ティショットを腕を十分にリリースして振り切ることができず、置きにいく傾向が見られる場合を考えてみよう。それぞれのティショットを毎回採点し、置きにいく傾向がもっとも顕著だったと考えるショットを1点とし、逆にもっとも伸び伸びとリリースできたショットは5点とする。何回もティショットしているうちに、採点が4または5に集中していく……つまり、スウィングが徐々に伸びやかになっていく……ことに気付くはずである。

ドロシーのことを話そう。彼女は、素振りは非常に伸びやかで美しいが、本番になるとボールをムキになって叩こうとするため、ひどいスウィングになっていた。そこで彼女は、素振りのときと同じようにスウィングする（つまり、ボールを叩こうとしないで、自分のスウィングを信じる）ことを目標として設定した。そして、できるだけ素振りのときと同じようにスウィングするように努め、完全にスウィングを信じて打てた場合は5点、ボールを叩きにいった場合は1点の方式で、ティショットを採点してみた。わずか9ホール回った時点で、ドロシーの得点は最初はほとんど1点か2点だったが、やがて4点から5点に上がり、それまでで最高のショットを連発するようになったものである。

〝砂袋〟のひもをほどこう

数年間トップアマとして活躍したブレットは、そのころプロに転向したばかりで、ビッグ・トーナメントに参加する資格を得たところだった。そのシーズンは快調なプレーで始まり、先輩格のプレーヤーは皆、彼を激励し、ためになるようなアドバイスをしてくれた。ブレットはスウィングのテクニックの細部についてさらに学んだが、私のところに来たとき、プレーは生彩を欠き、ひどく落ち込んでいた。「先生、私はスウィングについて前よりはるかに多くの知識を身につけましたし、自分のスウィングの技術のレベルは半年前より高くなっていると思います。でも、どうやらスコアをよくする方法を忘れてしまったみたいです」とブレットは言った。

「このゲームにおける精神面の障壁は、体にくくり付けられた砂袋のようなものなのだよ」と私は説明した。「もし、手首と腰と膝と肘と首に砂袋が吊してあったとしたら、どれほどうまくスウィングできるだろうか」。ブレットは、いまの自分は砂袋を結び付けられて身動きできないような気持ちですと言う。そこで私はこう話した。

「私の仕事は、君が砂袋の所在を突き止め、結び目を一つずつ解いて自由になる手助けをすることだ。結び目を一つ解くたびに、君がすでに身につけている正しいスウィングが、その分自由にできるようになると思うよ」。

「ゴルフでは、ダイビングや体操やフィギュア・スケートとは違って、スウィングの技術点や芸術点を採点する審判員はいない」と私は続けた。「君の問題は、プレーをすることより〝いいスウィングをする〟ことに気を取られていることのようだ。正しいスウィングをしようという強い気持ちがプレー自体を妨げているようだ。どのようにスウィングしようかと考えているうちに、考えること自体が主たる関心事となってしまい、まともなスウィングができなくなっているようだ。一つ宿題を出してあげよう。

　明日コースに出たら、スコアはつけないで、とにかくプレーを楽しみなさい。どんなスウィングで打っているか、ボールがどこへ飛んだかなどはいっさい心配しないで、とにかくボールを打つことを楽しんでほしい。ただし、一つだけやってほしいことがある。スコアカードに〝不安〟と書いて、スウィングに不安を抱いたら、その都度そこにチェック・マークを書いていくことだ。チェックしたら、もうそのことは忘れて、次のショットに向かいたまえ」。

次に会ったとき、ブレットはご機嫌だった。「先生、コースであんなに楽しい思いをしたのは数カ月振りでした。〝不安〟のところを一二回チェックしましたが、おおかた、ターゲットを設定してボールをそこに送り込むという、昔と同じやり方でラウンドできました。バーディーがたくさん出ましたよ」。

それからのブレットは、ラウンド毎にスウィングに不安を抱かないようになり、それに伴ってスコアもよくなり、プレーすることが以前よりはるかに楽しくなったのである。

よくないキャディーはお払い箱に

あなたは、コースで独り言を言うタチだろうか。言うとしたら、大声を上げるほう

か、それとも人に聞こえないように呟くほうか。あるいは、どちらも少しずつやるタイプだろうか。自分や相手がコースで何か言っても、われわれはその内容にふだんはあまり注意を払わない。だが、注意を払う必要は、どうやらありそうなのである。

われわれが何かについて独り言を言う場合、特定の感情が反映される。もし、〝このショットは、どう打ってもうまくいかないな〟と呟いたとしたら、実際のショットが成功する可能性は低くなる。逆に、〝ここで何をどうしたらいいか、よくわかっているさ〟と呟くことができれば、成功する可能性は高まるのである。

われわれがコースで言う独り言の内容は、プレーに強い影響を及ぼす。なぜなら、われわれは、単に自分に語りかけているのではなく、同時に独り言の中身を聞いているからである。自分が味わっているマイナスの感情を自分の耳で聞けば精神状態によくない影響が生じるし、その結果として生まれる精神状態は必然的にプレーの質を左右する。私は〝よくないキャディーはお払い箱にする〟エクササイズを使って、このテーマを自分のゴルフスクールにおける授業に取り入れている。

生徒の一人にゴルファー役を務めてもらい、私はキャディー役を演じる。ゴルファーにドライバーを渡しながら、キャディーの私はこう言う。「お客さん、スウィング中にしなければならないことを、お願いだから全部覚えておいて下さいよ。皆がお客さんを見ていますから、恥になるようなことはしないで下さいね。それと、後ろの人を待たせていますから、もっと早くショットしてはどうですか。あ、それから、いつものようにスライスして林に入れたりしないようにして下さいよ……」。

ゴルファー役を買って出た生徒がスウィングをし終えると、私は次にこう言う。

「お客さん、ひどいショットでしたね。スライスして林に入ることは、初めからわかってたじゃないですか。いつになったら、ちゃんとしたプレーができるようになるんですか」。

そこで私は、もしこのようなキャディーがついたらどうするかと、生徒たち全員に尋ねる。生徒たちは通常、口を揃えて「そんなキャディーは首にします！」と答える。

次に私は聞いてみる。「さて皆は、このキャディーが言ったことの一つでも、ラウンド中に自分自身に対して言ったことはないかな」。生徒たちが縦に振る首の動きが、波のようにクラス全体に広がり、悔恨の情を表す低いうめき声が随所から聞こえてくる。そこで私は次のように止めを刺す。

「コースで独り言を言って自分を責めるのは、口うるさいキャディーを連れて18ホール回るのと同じなのだ。そんなキャディーは即刻首にすること。そして、自分こそ自分自身の最高の味方であることを、決して忘れてはいけない」

自分をあまり責めない

ゴルフをする者は、概して自分に厳し過ぎる。そして、自尊心をさまざまな行動の結果にあまりにも安易に結び付け過ぎる。だから、一つのショットの出来栄えや一つのホールのスコアが悪いと、アベレージ・ゴルファーの自尊心はいたく傷つく。そして、乱調になってくると、われわれは自分自身の人間としての基本的な善性を疑い始める。そして、「おれは、なんてドジなんだ」などと言い出すのである。

人間である以上、人は誰でも失敗を犯すことはわかっているにもかかわらず、われわれは自分自身がミスを犯すことを容認できない。この点を如実に示すドリルがある。まず私は、親友がミスショットした場合をクラスの全員に想定される。そして、「大丈夫だよ、（　）君。誰だってミスショットするんだから」という一文を読み上げて、空白の部分に友人の実名を書き込ませる。次に、実際にその友人に話しかけている場面を想定して、全生徒が一緒になってその台詞を読む。この文章を何回か繰り返し読み上げたあと、このドリルをやっていてどんな気持ちになったか、話し合う。たいていの生徒は、友人を励ますことができていい気分だったと言う。

そこから、このドリルの後半が始まる。生徒たちは、前と同じ文章を読み上げるが、今度は友人の名前ではなく、自分自身の名前を言わなければならない。そうなると、大半の生徒たちの声は、ほとんど聞こえないほど小さくなる。そこで私は、もう一度復唱してほしいと言う。見ると、多くの生徒は悲痛な表情を浮かべている。緊張で顔が強張るのを避けるため、無理に笑おうとする者もいる。胸が押さえ付けられるような気がするとか、喉元が強張ってくるとか言う者もいる。

われわれのほとんどは、「大丈夫だ。誰だってミスショットするんだから」と友人に言うほうが、同じことを自分自身に対して言うよりはるかに易しいことを知っている。一般的に言って、人は何か失敗を犯すと自分自身を厳しく批判し、弁解や挽回の機会を自らになかなか与えようとしない。

ちょうど前述の性悪のキャディーに苛められるのと同じように、われわれはときどき、コース中の至る所で自分自身を責め立てる。不調のときは、追い討ちをかけるのは止めたほうがいい。ミスショットが出て、次打を深いラフや林の中から打たなければならないとしたら、それによってわれわれはすでに十分な罰を受けているのではないだろうか。

プラス面を評価しよう

最高のプレーをするために求められる精神面は、正しいスウィング・テクニックの場合と同じように、鍛錬の繰り返しによって〝心に刻み込まれ〟なければならない。練れた心であらゆる状況に対応する習慣を培い、直情的な対応を排除することが必要だ。プレーにとって有害な習慣の一つに、うまくいかなかったことに拘泥する傾向がある。このような癖を捨て、プラス面を引き立たせることが大切だ。この点は、アンディという名前のツアー選手と交わした会話に如実に示されている。

あるトーナメントの初日のラウンドが終わったとき、私はアンディにその日の結果を聞いてみた。「全体としては、まあまあでした」とアンディ。「しかし、一つのホールでクラブの選択を間違って、ダブルボギーを出してしまいましてね」。聞いていて私は、てっきり彼は1オーバーか2オーバーで回ったものと思った。だがその後、スコアボードで彼の各ホールのスコアを見て、私は大いに驚いた。イーグルを一つ、バーディーを四つ出していたことに、私と話しているとき、アンディは一言も触れなかったのである。

われわれは、あまりにも頻繁に自分のマイナス面を誇張し、プラス面を過小評価する。多くの場合、われわれは自分自身にとってもっとも意地悪な批評家となり、ほとんどすべてのショットにケチをつけたがる。ナイスショットの場合もそうだ。われわれは、自分が犯した失敗で大騒ぎしなければそれから何も学べないという（おそらく子供のころからいつも抱き続けてきたに違いない）ある種の固定観念にとらわれている。だから、思い通りのショットが出ないと、自らを責めるのである。

言っているうちにますます落ち込んでしまうような独り言の癖を直すには、修練と忍耐心が必要だ。そのための最初のステップは、現状を客観的に認識することだ。それぞれのショットあるいはラウンドについて、いったい自分はどんな独り言を言うのか、よく注意して観察してほしい。否定的な内容の独り言を繰り返していることに、おそらく驚かされるだろう。愚痴をこぼしたり自己批判的になったりする習慣は捨て、すべてのショット、すべてのホール、そしてすべてのラウンドについて、何か満足し、誇れるものをみつけるように気持ちを切り替えてほしい。

次のステップは、失敗を忘れ、うまくいったショットを多とすることだ。ナイスショットしたボールがターゲットめがけて飛び、計算どおりのスポットに着地する姿を見詰める心のゆとりを持ってほしい。そうすることによって、心にプラスのイメージが描かれ、自信がついてくる。ラウンドのあとは、少し時間を取って、プレー中に自分が下した正しい判断と思い通りに打てたナイスショットを、ゆっくり振り返ってほしいものである。

一つ、特記しておきたい状況がある。アベレージ・ゴルファーが、予想していたよりはるかにいいショットが出たため、ティショットがフェアウェイを突き抜けてラフに入ってしまったり、アプローチがグリーンをオーバーしたりして、腹を立てる場合がそれだ。しかし、そこで腹を立ててしまえば、スウィート・スポットでボールをとらえたときの快感を味わう余裕はなくなる。

運が悪かったことは否めないが、特に素晴らしいショットだったからそのような結果が出たのだ。結果だけにこだわれば、せっかくのナイスショットの体験は無駄になり、気分は滅入る。また、一つのショットの結果だけをいつまでもくよくよ考えていると、次のショットを打つ際にふだんの力が発揮できなくなる。

もう一つだけ、こうした考え方が持つ深刻なマイナス効果について触れておこう。それは、ナイスショットが生んだ不幸な結果をいつまでも悔やんでいると、そのようなショットのマイナス面だけを強調したメッセージが体に伝わってしまう、という点である。そうしたメッセージのせいで、同じようなナイスショットは打ちたくても二度と打てなくなってしまう。だから、結果にこだわることは止めて、過程に満足し、そのようなショットを生んだあらゆる要素を評価しているというメッセージを体に伝えるほうが、よほど賢明である。最高のショットを打ったときの感覚を、じっくり味わってほしい。そのような感覚が頻繁に体験できるようになることは、ゴルファーとしての自分の成長の紛れもない証なのである。

背筋を伸ばせば、気持ちも高まる

われわれの精神状態と体の機能には、非常に明白な相関関係がある。心に不安や恐れが宿ると、体は固くなり、落ち着きを失う。落胆したり、意気消沈したりすると、体は重くなり、動きは緩慢になる。逆に、自信に溢れ、リラックスしていれば、体はエネルギーに満ち、生き生きと反応するのである。

われわれの精神状態は、われわれが立ったり歩いたりするときの姿勢に影響を与える。18番ホールのフェアウェイをグリーンに向かって歩いていくゴルファーの姿を見るとき、好調な選手と不調な選手を見分けることはさほど難しくない。不調な選手は足を引き摺り、肩を落とし、うつむき加減で視線を地面に向け、何やらぶつぶつ独り言を言っているようにさえ見える。それとは逆に、好調な選手は弾むように歩いている。背筋をきちんと伸ばし、胸を張り、頭を上げて真っ直ぐ前方を見ていて、まるで口笛でも吹いているような感じすら受ける。

心が体にもたらす影響を正しく認識することは、前向きで、いつも自分自身を奮い立たせる態度でプレーに臨むことが重要である点を理解する手助けになる。ひどいショットを打って自分を咎め、〝いつになっても下手だ〟などと口走ると、体はさらに緊張して、エネルギーを失い、生き生きと反応できなくなってしまう。その結果、ミスショットがさらに多く出るし、ますます自分を詰《なじ》ることにもなり、結局、惨めなラウンドにつながるマイナスのサイクルが確実にできあがってしまうのだ。

だから、次にミスショットしたら、腕のいいゴルファーでもたまにはミスショットするし、ミスショットを多発する日は何日もあることを思い出してほしい。そして気持ちを切り替えて、同じような状況でナイスショットした過去の経験を思い出し、次のショットに集中するといい。そうすることによって、さらに自信に満ちたメッセージが体に送られるから、意図したショットを体が生み出す可能性は増すのである。

われわれの心は体の機能を左右するが、体のほうも心にメッセージを伝達する。もしわれわれが背中を丸め、地面を見詰めて歩くとしたら、そのような姿勢はラウンドがうまく展開していないことを、たちまち心に伝達してしまうのだ。その結果、われわれはよけい意気消沈して体に力が入らなくなり、そうしてできあがったマイナスのサイクルはどんどん下降線を辿っていく。

だから、ショットからショットへ移動するときは、ナイスショットが出ても出なくても、背筋を伸ばして胸を張って歩き、緩やかに深呼吸するといい。鼻歌を歌ったり、そっと口笛を吹いたりしてもいい。そうすればリラックスできるし、次のショットに意欲的に臨むことができるようになるからだ。フェアウェイから地平線に目を転じてもいいし、もっと高いところ（たとえば木のてっぺんや雲）を見上げてもいい。高いところや遠くの方に視線を向けると、心が大きくなり、視野が広がったような気分が味わえるし、そのため、済んでしまったことは忘れて次のショットに集中することが、前より楽にできるようになる。

プレーの内容がどうであっても、自信に満ちた姿勢を崩さないでプレーを続ければ、万事に対して前向きに考えられるようになる。そのような姿勢は、目の前のショットに取り組む最善の精神状態をもたらすのである。

ゴルフはサーフィンの精神で

わが恩師オーセル・テンジン師は、瞑想のクラスの生徒に思考や感情を抑制する方法について聞かれると、お気に入りの答えを用意していた。「波を止めることはできないが、波乗りを覚えることはできる。波に抗って疲労困憊してしまう者もいるが、波乗りの技術を身につける者もいる。同じ波でも、考え方次第で対応は異なる」。

トーナメント中でも、ラウンド中でも、一つのホールをプレーしている間でも、われわれはさまざまな感情の波に見舞われる。もしわれわれが、寄せては引く感情の波に落ち着いて、ユーモアの精神を忘れず、謙虚に乗ることができれば、自分も一緒にプレーしている仲間も、このゲームをよりいっそう楽しむことができる。それが可能か否かは、個々のゴルファーの姿勢次第だ。

競技中、ピリピリした感情の波が押し寄せるのを感じる場合が多い。それをよくないことの前兆だと思えば、自信が損なわれる。このような感情を抑えようとすればするほど、集中力は損なわれ、大切なエネルギーは浪費される。これは、波を止めようとして抗うことによく似ている。

だから感情の波を無理に抑え付けようとしないで、それにうまく乗るようにすればいい。そのような感情を体験するのは、競争しているからである。超一流選手も、ビッグ・トーナメントでピリピリしたり、緊張したりすることは避けられない。しかし彼らは、ちょうどサーファーが波のエネルギーを利用するように、こうした感情に込められたエネルギーを逆用する術に長けている。サーファーが波乗りを楽しむように、彼らは〝感情の波乗り〟を楽しみながら、優勝の可能性を信じて快調にプレーを続けるのである。よく考えていただきたい。もし調子が悪ければ、勝利は望めないからピリピリする必要はまったくないはずだ。このような感情を、降りかかりつつある災難の前兆ではなくて、万事うまくいっていることの証とみなすことができれば、まったく違った展望が開けてくるはずである。

過去との訣別の意義

森の小道を二人の僧が歩いていた。二人は小川にさしかかり、みごとな絹の衣装を身にまとった若い女性に出会った。女性は、歩いて渡れば衣服が濡れてしまうので困っていた。一方の僧が、背負ってあげましょうと言った。女性が背中にしがみつくと、僧は川をわたり、向こう岸で彼女を下ろした。女は礼を言い、二人の僧はふたたび歩き始めた。

二人が所属する僧院には、女性に触れてはならないという掟があった。もう一人の僧は兄弟僧が掟を破ったことに肝を冷やし、歩いている間ずっとそのことで煩悶していた。「神聖な誓いを破るとは何ごとだ。彼は告白するだろうか。自分から院長様に言うべきだろうか。彼は破門になるだろうか。自分にも累が及ぶだろうか。なぜ彼は、自分をこんな目に遭わせるのだろう……」。考えているうちに、僧はますます動揺していった。

とうとうこの僧は、一キロほど歩いたあとで突然立ち止まって、大声でこう言った。

「どうしてあんなことをしたんだ」。

「何のことだい」と最初の僧が問い返す。

「あの女によくも触れたものだ」。

「ああ、あの女のことか。川を越えたあと、私は彼女を下ろしたよ。君は、どうしてまだ彼女をおぶっているんだい」。

この話は、何か不愉快なことが起こると、われわれはそれに拘泥し過ぎる傾向があるという事実を示している。われわれは、非常に長期間にわたって同じことを気に病むことがある。過去に拘泥すると、現時点で取り組んでいることにベストを尽くすことが不可能になる。最初のホールでつまずいたため、その後の数ホールでミスを悔やみ続け、平常心でプレーできないことは日常茶飯事だ。当然のことだが、その数ホールでのプレーの質は推して知るべしだ。

災難や失敗は、できるだけ早く忘れること。ホールアウトしてスコアを記入したら、そのホールはそれで終わりだ。そのホールに関する限り、それ以上打つ手はない。だから、早く忘れて次のホールに集中すべきである。もし、前のホールのことが思い出されてならなかったら、〝波の下を潜る〟要領で、忌まわしい思い出は頭上を通過させてやるといい、もし、前のホールにこだわることが癖になっているとしたら、「器の中の小石」（236ページ）の項で示した〝意図プラス価値判断抜きの認識〟のテクニックを応用することを勧めたい。自分自身を評価したり批判したりしないで、前のホールで犯した失敗を思い起こすたびに、スコアカードにチェック・マークを書き込むといい。そうしているうちに、このような考えは徐々に起こらなくなり、唯一の関心事であるべき目の前のショットに、全身全霊を注ぐことができるようになっていくものだ。

人生に浮沈は付き物

昔、ある国にとても思慮深い女王がいた。女王は国民にとって最善のことを心から願い、より賢明で優れた指導者になるために、いつも自分自身を高めようとしていた。あるとき女王は、自らの経験を振り返って、物事が特にうまく運んだり不首尾に終わったとき、自分がどう反応してきたか熟慮してみた。

物事が特に順調に運んでいるときは、女王はときおり思い上がり、尊大で傲慢になった。ときどき自己満足に陥り、物事は彼女が努力しなくてもこれからもうまくいくだろうなどと思った。別の折には、女王は幸運が持続することを想定して猛進し、王国の財政危機を招いたこともあった。

逆に、物事が特に振るわなかったときは、女王は不満を述べ、何をすべきかわからずにやきもきし、自分の不運を嘆いて意気消沈した。失望したとき、女王は何をする気にもなれなかった。どうせ何もうまくいかないのだから、何をやっても無駄だ、と思ったのである。

自分自身のこのような性向が不安になって、女王は賢者たちの意見を求めた。彼女の頼みは次のようなものだった。「物事がうまく運んでいるときの思い上がりと自己満足を抑え、低調なときの落胆や不満や無気力から立ち上がらせてくれるような教えを乞いたい」。

助言者たちは、あらゆる状況を想定し、それらすべてに適応する綿密なプランを立てた。だが女王は気に入らなかった。「これほど異なった状況で、これほど異なったことをすべてやれと言われても、覚えられるわけがないではないか」。

すると、女王の部屋係の老女が、恭しい中にも自信に満ちた口調でこう言った。「女王様、状況がどのようなものであれ、非常に喜ばしかろうが嘆かわしかろうが、女王様の自惚れを抑え、重荷を軽くする教えがございます。これを覚えておかれればよろしいかと存じます。それは、〝常に平常心を持て〟でございます。人生に浮沈は付き物でございますから」。

われわれ人間の体験はすべて〝はかないもの〟だということは、否定し難い事実である。物事のはかなさ、つまり一過性は、別の言い方をすれば変化は必然的に起こるということだが、これは仏教のもっとも基本的な教えの一つである。この教えが人間の置かれた状態に関して持つ意義は、はかなさという言葉が持つ物理的な意味ではなくて、そのような事実に対してわれわれがどう対応するかが大切だと説いている点である。万事は変化するという事実を受容することができなければ、変化そのものが苦しみの源になる。ひどいショットに過剰反応すれば、われわれは苦しまざるを得ない。ミスショットに過剰反応することは止めて、ハンディキャップで許されるミスショットの割合を受け入れるほうが、よほど理に適っているのではなかろうか。

われわれは、物事の一過性について〝箱の外側に出て〟考えることもできる。現状が永遠に不変だとしたら、われわれはすべて単なる彫像に過ぎない。物事のはかなさは、一つの瞬間が次の瞬間に変化していくために必要な要素なのだ。これまでのプレーの進め方にどこかで見切りをつけない限り、新しいプレーは身につかない。

ゴルフは、このゲームをマスターする力もまた、束の間のものであることを教えてくれる、優れたメッセンジャーである。あるラウンドで、「これでゴルフがわかった！」と心の中で宣言しても、次の日コースに戻ってみると、マスターしたはずのことは元の木阿弥になっているのである。

ここに挙げるのは、心の平穏を願うために捧げる祈りだが、ゴルフにおける好不調に対処する際に非常に役に立つ。

〝自分にできるはずのことを達成する勇気を、われに与えたまえ〟
〝達成できなかったことを受容する忍耐心を、われに与えたまえ〟
〝そして、この二つの違いを知る英知をわれに与えたまえ〟

〝自己サボタージュ〟の克服法

人は誰にも、〝安心できるレベル〟なるものがある。これは、われわれがふだん発揮している能力や、われわれが馴染んでいる行動の範囲を意味する。人間は、慣れ親しんでいる物事に直面すると、安心できる。クラブ選手権ではB組で回ると気楽にプレーできるし、トップを走るゴルファーを追いかけているほうが追いかけられるより楽で、ぎりぎりの成績で予選を通過すると気が楽になる。ふだんと同じようにプレーできれば、気楽に回れる。

〝サボタージュ〟という言葉の本来の意味は、裏で妨害することによって、あるプロジェクトあるいは任務の遂行を阻止することだが、自分自身の行動をサボタージュするのは理に適わない。重要な目標（たとえば80を切ること）に到達しようとしている自分自身を妨害するような真似は、無意味である。しかし、われわれのプレー中の判断や行動は、まさしく自分に対するサボタージュとしか思えない場合がある。

だが、意外な事実がある。それは、自分に対するサボタージュと思える行為は、実は自己防衛の手段に他ならないということだ。しかしわれわれは、いったい何から自分自身を守ろうとするのだろうか。ストレス、不安、不快感などからである。要するに、〝安心できるレベル〟、つまり安心圏から踏み出すまいとする防衛本能が働くのである。

ある日、これまでで最高のプレーをしていたとする。誰かがその点を指摘すると、われわれはただちに〝柄に合わない〟プレーをしているに違いないと考え、２ホール連続でダブルボギーを出してしまう。慣れないことをしているという気持ちが強いため、急に慎重になるからだ。自分のふだんの実力では、そこまで高いレベルのプレーが続けられるはずがないと感じるため一生懸命になり過ぎる。より慎重かつ懸命にプレーしようとする姿勢は、いいプレーを妨害する。別の言い方をすれば、その段階でわれわれは安全圏を越えたため、急いでそのレベルに立ち返る方法を見つけようとするということだ。

われわれは、なんとか80を切ろうとして一生懸命になることには慣れているが、コンスタントに70台で回ろうとすれば、話は別だ。最終のロングホールを5で上がれば生まれて初めて80が切れるという場面を想定してみよう。ティショットでフェアウェイを外し、次の二打でグリーン近くまでなんとか寄せた。だが、チップショットをダフってしまい、3パットし、上がってみればスコアは7……。よくあることだ。われわれはそうやって努力し続けることになるが、これは慣れないことだし、期待外れに終わる場合が多い。そして、ようやく80が切れるようになったとしても、新しい目標は75を切ることだと考えただけで、ストレスは高まる。

クラブ選手権の最終ホールで、Bクラスでの優勝はほぼ間違いないと思っているとティショットでOBを出して、一打差で優勝を逃すことがある。これも、自己防衛の本能のなせる業の場合がある。Bクラスの出場者には知り合いは多いし、自分もこの組なら実力者の地位が保てる。腕のいい連中がひしめくA組のドン尻に突っ込まれてプレーするより、はるかに安心していられる……。

安心圏は、現実的な予想と非現実的な予想を伴う。もし、びっくりするようなロースコアを出したとしたら、今後はそのレベルでプレーすることを誰もが期待することを予想する。だが、パートナーやクラブのメンバーから将来寄せられるであろう期待を勝手に予想してしまうと、不安が増し、ラウンド後半の数ホールでがたがたになる場合がある。

私の生徒の一人に年配のゴルファーがいた。彼は、ロースコアで回れば次はバックティから打たされるのではないかと心配していたと言っていた。バックティから打って醜態を演じることを予想したため、彼はホワイトティから回るのが順当だと思い、平凡なスコアで回り続けた。レッスン・ラウンドで、われわれはバックティから打った。この老ゴルファーは、初めは苦労していたが、ほどなくバックティから打つことが予想していたほど難しくないことがわかったようだった。そして後半の9ホールは、ふだんレギュラーティからプレーして出しているのとほぼ同じスコアで回った。安心圏が広がったのである。このゴルファーは、次のラウンドはレギュラーティから回って、生涯のベストスコアを出した。彼はいまでは、迷わずバックティでプレーしている。

自分に対するサボタージュは、しばしば、プレッシャーの高い状況下で起こる。われわれは、常に最高のプレーをしたいと思っている。だがどうしても、不安を避けたり、それから逃避したりすることを優先させてしまう。こうした決断は、意識のなせる業ではない。期待に添えなかった場合に予想される狼狽や失望、そして自己批判かられわれ自身を守ろうとする、人間の本能のなせる業なのである。

自己を失敗から守る一つの方法は、何かを達成するために懸命に努力することを避けることだ。プレーの質を自尊心と同じレベルで考えるのは問題である。そう考えると、最高のプレーをしても勝負に負ければ、われわれの自尊心は傷ついてしまう。だからわれわれは、厳しい状況に立ち至ると端から投げてしまい、全力でプレーせず、注意散漫になる。そして意識下で、それを次のように正当化するのである。「本気で取り組まなかったのだから、本当に失敗したことにはならない……」。試合に負けるのは悔しいことだが、一生懸命努力したのに勝てなかったとなると、自尊心がひどく傷ついてしまうのである。

ストレスがかかった状況で自分自身をサボタージュするもう一つの方法は、生涯で最高のショットをしなければ越えそうもないハザードを無理にキャリーで越そうとする場合のように、無謀な挙に出ることだ。そして失敗したら、もともと不可能に近いショットだったから仕方がないと言い訳する。要するに、自分は判断を誤っただけで、本当に失敗したわけではないという形の正当化である。

では、自己に対するサボタージュはどうしたら防げるだろうか。最初のステップは、そのような心理の動きを認識することだ。つまり、すでに述べた〝ボディ・スキャン〟を通して体を観察し、現状認識のテクニックを使って自分の思考をできるだけ客観的に観察するのである。初めに、どれほどテンションを感じているかを感知し、自分が抱いている不安のレベルが、目前のショットの難度を考えた場合、高すぎはしないかどうか確かめる。現状に過剰反応することでショットが非常に難しく見えれば、逃げを打つ心理が意識下で働く場合があるかもしれない。

次に、自分がどのような衝動に駆られているかチェックしてみる。たとえば、取り敢えず打ってしまおうという気持ちが強くはないか。手に負えない状況だから、どんなショットが出ても構わないと投げやりに考えてはいないか。あるいは、打とうとしているショットは、過信から来る誇大妄想の産物ではないか……。これらはすべて、〝自己サボタージュ〟がすでに進行中であることの徴候だ。

このような徴候に気がついたら、次のような治療法を講じればいい。

まず、目の前の状況をできるだけ冷静に観察し、ふだんとは別の形で把握する。つまり、目の前の一メートル半のパットを入れれば二連続バーディーだ、と思うことは止めて、そこにあるのは何の変哲もない一個のゴルフボールと一メートル半の芝生とカップに過ぎないと考えるようにするのだ。その後、ふだんどおりのルーティンに集中する。ここで重要なのは、結果ではなくて過程である。落ち着くために深呼吸して、体の重心が徐々に下がっていくことを確かめる。もしそのとき、残りのホールのことや、優勝のスピーチの内容などを考えている自分に気がついたら、気持ちをすぐに現時点に切り替え、思考の波の下に潜り、ふたたび目の前のショットに集中するように努めてほしい。

しかし、どう抵抗しても、〝自己サボタージュ〞が防げない場合もある。そんなときは、それが起こったことを事後にしっかり認識し、（自分評価は避けて）熟考し、それから何かを学ぶように努めればいい。〝安心圏〞に執着したことによって、当初の意図の達成がどのように妨げられたかについて考えること。また、同じような状況で同じような感情がふたたび湧き起こることを、承知しておく。そうした感情にふだんから慣れておけば、肝心なときにうまく操ることができる。心の中で起こる自分へのサボタージュへの衝動をそうやって克服できれば、あなたは自分のゴルフをもう一段高いレベルに押し上げることができるのである。

忍耐の報酬

これも、昔の日本の話である。一人の若者が剣道の達人を訪ねて、こう聞いた。「先生、もし私が先生の下で真剣に修行させていただけるとしたら、いったいどれくらいの期間で剣の道を極めることができるでしょうか」。「たぶん一〇年くらいかかるだろう」と達人は答えた。「ずいぶん長くかかるのですね」と若者。「では、それ以上に真剣に修行したら、どれくらいかかるのでしょうか」。「たぶん、二〇年はかかるだろう」。

青年は驚いた。「先生は最初、一〇年と申されました。ところが、今度は二〇年とおおせです。では、私がこれ以上不可能と言えるほど真剣に修行したとしたら、どうでしょうか」。「そうだな」と達人は応じた。「その場合は、三〇年はかかるな。お前のようにせっかちに結果を出したがる者は、何を習うにしても時間がかかるのだ」。

われわれは、ゴルフでしばしばせっかちの虜になる。大半のゴルファーは、上達のための虫のいい秘訣を探し求める傾向がある。一瞬にして完璧なスウィングが身につき、しかも長続きする魔法のヒントがほしいのだ。しかし、それはないものねだりというものだ。人生行路のあらゆるものがそうであるように、基本に真剣に取り組むことこそ本筋であり、小手先の応急処置の効果は決して長続きしない。体が自然に動くようになるまで、正しい動作を反復練習することに代わる妙薬はないのである。

だから、しっかりした目的とプランを持って、忍耐強く練習してほしい。特定の課題に取り組んでいるなら、それをコースで実践する前に、自信がつくまで練習に打ち込む忍耐心を持ってほしい。それを完全に自分のものにしたと確信できるまで練習し、その後でコースで実践に移すことが肝心である。

何か新しい課題に取り組んでいる途中でプレーする際には、すぐに好結果が出ることはいっさい期待しないでやり抜く気概が必要だ。新しい課題に、全身全霊で打ち込まなければならない。忍耐心も必要だ。多くのアマチュア・ゴルファーが、せっかくスウィングのレッスンを受けてもめぼしい成果が現れないのは、結果をせっかちに求め過ぎるからだ。

スウィング改造のレッスンを受けると、大半のゴルファーはある時期不調に陥る。その期間、〝どっちつかず〟のスウィングになってしまうからだ。どんなスウィングで打っているか非常に気になるし、ショットのばらつきも顕著だ。スウィング改造の効果の兆しが現れるまで、以前よりひどいプレーしかできない一時期に甘んじる覚悟が必要である。不幸なことに、多くのゴルファーはこの段階で早々と諦めてしまい、以前のスウィングに戻っていく。そうすると、たちまち調子がよくなるから（実際には、〝絶不調〟から〝ふだんの調子〟に戻っただけなのだが）、やはりこのスウィングのほうがよかった、レッスンは無駄だったのだ、などと短絡的に決め付けてしまうのである。

確かに、慣れ親しんだスウィングでプレーできることで、気分はスウィング改造中よりよくなるかもしれない。しかしこれは、実際には出発点に戻っただけのことである。スウィング改造の練習に励み、よくない結果を一過性の現象と受け止めていれば、いずれは昔のレベルをはるかに越えた実力がつくに違いないし、本当の意味で上達するだろう。

ニック・ファルドとタイガー・ウッズは、共に勝利を重ねつつあった段階であえてスウィング改造に取り組んだ。新しいスウィングを身につければ、さらに高度なプレーができるし、特にメジャー・トーナメントでさらに勝利を重ねる可能性が生まれると感じたのである。彼らは、改造したスウィングが完全に身についたとき、より高いレベルに達することをひたすら信じて、一時期、はかばかしくない結果に耐えた。彼らの努力がみごとに報われたことは、ご承知のとおりである。

苦い薬を飲め

せっかちは、問題を複雑にする。ひどいショットが出ても、事態を謙虚に受け止め、最高のトラブル・ショットでリカバリーするように努力すべきである。しかしわれわれは、ミスショットをスーパーショットで挽回しようとして必死になり過ぎて、かえって墓穴を掘ってしまう場合が多い。パットをいくつか外すと、次のアプローチショットでピンにデッドに寄せようとするが、そのためにあえて危険を冒して、痛い目に遭ってしまう。

ステイーブンはゴルフ歴三年で、定期的にレッスンを受けていたが、100を切ったことはなかった。彼がついていたプロゴルファーが、私のレッスンを受けることを勧めた。何発か打つのを見て、私は彼は結構いいスウィングをしていると思った。ショートゲームが駄目ですと言っていたが、ほとんどの場合2パットで切り抜けていた。それでも100を切れなかったのは、スティーブンがせっかちだったからである。

ゴルフ歴が比較的浅かったせいで、彼は毎ラウンド、ティショットを何発かミスしていた。そして、ミスショットをするたびに、次打を思い切り強く打って挽回しようとしたが、これはもちろん、惨めな結果を招く、愚かな戦略だった。これは、ハイハンディのゴルファーに共通の間違いだ。愚かにも、大半のプロの選手が打たないようなショットを打とうとして、渾身の力を振り絞ってスウィングするから、トップや極端なスライスを連発する。

スティーブンは、このような攻め方は非生産的であるという説明を受けたあとで、これからはミスショットを謙虚に受け入れて、次のショットに過度の期待を寄せることによって傷をさらに深くすることは止めます、と約束した。そこで私は彼に、コース・マネジメントの二つの原則を示した。それは、「楽に打てるショットに徹すること」と、「次打がもっとも楽に打てるようにショットすること」である。われわれが作ったゲーム・プランの一例を紹介しよう。

四〇〇ヤードのホールでティショットをトップしたとする。一二五ヤードしか飛ばず、残るは二七五ヤード。ふだんのスティーブンなら、3番ウッドでグリーンにできるだけ近付こうとして力み、新たなトラブルに見舞われるところである。しかしいま、スティーブンは、あえて〝苦い薬を飲んで〟、ティショットの失敗を受け入れる覚悟ができた。つまり、パー4のホールをロングホールとみなして攻めるのだ。だから二打目は、アプローチがピッチング・ウェッジか9番アイアンでグリーンが楽に狙える地点に運べるようなクラブで打つ。彼の9番アイアンの飛距離は一二〇ヤードくらいだから、三打目でグリーンの真ん中を狙うには、二打目は一五五ヤード打っておけばいい。これなら力まずに打てるし、プレッシャーもほとんどかからない。ドライバーは失敗しても、このホールをこうして攻略すれば、5で上がれることはほぼ確実になる。パット次第では4で上がれるだろうし、7あるいはそれ以上も叩く可能性はほぼ消えるというわけである。

次にコースに出たとき、スティーブンのラウンドは1番ホールの9で始まった。だが、これで彼は目を覚ましたようだった。彼はわれわれが立てたゲーム・プランを思い出して、残りのホールでそれを忠実に実行した。この戦略はみごとに効を奏し、スティーブンは95で回った。生まれて初めて100を大幅に切った瞬間だった。

ひどいラウンドの楽しみ方

スタートでつまずいてほぼ完全に戦意を失い、その日はもう駄目だと思ってしまうことはよくある。落胆は〝自己充足的な予測〟を生むと前に述べたが、悪い予感は的中するものだ。しかし、ホールの数は18あり、それぞれが他のホールから物理的に独立しているから、残りのホールで生涯最高のプレーをする可能性はある。そのような視点に立てば、不吉な予測を完璧に覆すプレーができることは十分に考えられるのである。

ラウンドの最後のほうまで悪戦苦闘が続き、ついに〝ああ、もう諦めた。ボールは打つだけ打っておくことにしよう〟などと口走ることがある。驚いたことに、そう言ったとたんにナイスショットが出始める。理由は、本当に諦めてはいないからである。ただ、ムキになるのを止めただけのことだ。その結果、ラウンドは変貌し始める。ムキになっていいプレーをしようとしなくなると、伸び伸びとしてスムーズなスウィングを妨げるものがなくなるのである。

スコアをどう見るかによって、そのラウンドに対して抱く感情は異なってくる。自分のオフィシャル・ハンディは、過去二〇ラウンドで出したスコアのベスト10の平均値であることを認識してほしい。ハンディどおりあるいはそれ以上のプレーができなかったから、ひどいラウンドだったと思ったとしたら、自分が回るラウンドのほぼ四分の三に苛立ちを感じなければならないことになる。今日のスコアが生涯のベストスコアに近くなければ喜べないとしたら、ほとんどいつも満足できないということになる。ホールを一つ回るたびに、（グロスであれネットであれ）パープレーだったかどうか気にするのを止めれば、コースでの一日ははるかに楽しくなる。

ひどい一日だったかどうかは、ラウンドが終わるまではわからないのだ。たとえば、ふだんより不調だったが、17番ホールでホールインワンが出たとする。そうなれば、それほどひどいラウンドとは思わないだろう。前のホールの惨めな結果を忘れることができれば、現在プレーしているホールを楽しむ可能性は増す。スコアをあまり気にしないようにすれば、プレーを楽しむ心のゆとりが生まれるのである。

スコアがどのようなものであれ、楽しんでプレーをする方法をなんとかして見出すように努力してほしい。そのような気持ちに忠実であれば、ひどいラウンドなどというものはあり得ないことになる。コースの景観と親しい仲間と一緒のプレーを楽しむことができれば、スコアがふだんより悪かったとしても、その日のラウンドは楽しめる。スコアがどうであれ、その日何かゴルフ以外のことをしなければならなかった場合と比べれば、コースに出ていることがいかに幸せなことか、つくづくわかってくる。だから、心の中でぶつくさ言うのを止めて、自然の中でみずみずしく蘇った五感に注意を向けてはどうだろう。周囲の環境に溶け込み、視覚、聴覚、触覚、嗅覚に訴えるものすべてに注目する。いいスコアを出そうとしてあがくことなくプレーしていると、忘れたと思っていたスウィングが奇跡的に蘇って、驚かされるかもしれない。

もう一つの役に立つ対応策は、集中力を出来栄えから〝学習〟へと転換させることだ。スコアがよかろうが悪かろうが、すべてのラウンドを学習の機会として使うのだ。つまり、このゲームと自分自身について、できるだけ多くを学ぶことを目標にするわけである。自分ではひどかったと思っているラウンド中に、将来回るすべてのラウンドが楽しめるような何かを学んだとしたら、素晴らしい一日になるに違いない。

ひどいラウンドになる一つの原因は、ティオフする前にすでに最終スコアを気にすることだ。いいスコアで回ろうとすることは、最高のプレーの邪魔になる。私のある友人は、〝いいプレーをすれば、勝てるかもしれない〟と考えて、トーナメントの二日目をスタートした。彼がその日のラウンドは不満だったと言うので、私は彼の言う〝いいプレー〟とは、もしかしたら〝いいスコア〟のことではなかったかと聞いてみた。そのとおりだった。自分自身に寄せた多大な期待が、スウィングをぎこちなくした。その結果、ミスショットが生まれ、プレッシャーが高じ、緊張が高まり、スコアは乱れた。ひどいラウンドのお膳立ては、すべて整っていたのである。

もし本当に〝いいプレーをしよう〟と思ったとしたら、彼はショットを打つ過程に集中し、現時点のことだけを考え、自分のルーティンとスウィングを信じていたに違いない。もちろん、そうしたとしても成功する確証はない。しかし、このような形で〝いいプレーをしよう〟としていたとしたら、正しいスウィングとロースコアと勝利を実現する、最大の可能性が生まれていたことだろう。ラウンド前に彼が言ったことは、実に正しい。確かに、いいプレーをすれば、勝てるかもしれない。だが、彼が勝たなかったにしても、ショット・メーキングの過程に忠実だったとしたら、彼は自分のショットにはるかに満足できたことだろう。そうだとしたら、スコア自体はどうであれ、その日のラウンドは決してひどくはなかったということになる。

人間万事「塞翁が馬」

昔、中国のある寒村の村外れに年老いた農夫が住んでいた。非常に貧乏で、財産と言えば、ネコの額ほどの土地と、たった一人の息子と一緒に暮らす小さな家と、一頭の馬だけだった。

ある日、馬が牧場の柵を蹴破って逃げ出した。近所の人々は、農夫を慰めにやってきて言った。「大変なことになってしまったな。前から貧乏だったあんたの生活は、これでますます苦しくなる。不運なことだ。こんなひどいことがあんたに起ころうとは……」。

老農夫は肩をすくめると、静かにこう言った。「何が起こっても、ことの善し悪しは誰にもわからんさ」。

農夫は壊れた柵を修理し、入り口を開けておいた。翌日、馬は姿を現わすと、野生馬の大群を引き連れて一直線に牧場に入ってきた。すると、また近所の人々がやってきて、今度は農夫を祝福した。「これは、なんとも素晴らしいことだ。あんたは昨日まで村一番の貧乏人じゃったが、今日からは村一番の金持ちだ。何という運のよさだ。これは、あんたの人生で最良の出来事じゃ」。

老農夫は肩をすくめて、ふたたびこう言った。「何が起こっても、ことの善し悪しは誰にもわからんさ」。

翌日、息子が野生馬を飼い慣らしていたところ、乗っていた一頭が突然跳ね上がったため息子は地面に叩き付けられ、脚を折ってしまった。近所の人々がやってきて言った。「大変なことになってしまった。息子さんは怪我をしたし、せっかくの馬は飼い慣らせない。おまけに、収穫を手伝ってくれる者は誰もいない。何という不幸だ。これは、あんたの人生で最悪の出来事じゃ」。

老農夫は肩をすくめ、また同じことを言った。「何が起こっても、ことの善し悪しは誰にもわからんさ」。

そして翌日、国王の軍隊がその地方一帯を通過して、強壮な若者を一人残らず引き立て、生きて帰れないことがほぼ確実な戦場に送り込んだ。しかし、農夫の息子は脚の怪我のお陰で召集を免れた。だから、老農夫が言ったように、世の中、何が起こっても、ことの善し悪しは誰にもわからないのである。

何か特別にいいことか悪いことが起こると、われわれはあまりにも頻繁に、過去と未来に思いを馳せる。悪いことが起こったことを悔やんで、繰り返しそれを追体験し、別のことが起こっていれば万事ははるかに順調に進行していたはずなのに、と考える。しかし、これは純然たる夢想に過ぎない。進行中の物事の顚末を現時点で知る術はないのだ。たとえば、あるプロゴルファーは「もし、あのトーナメントであのパットを沈めていたら、いまよりもさらに素敵な人生があったはずだ」と考えるかもしれない。しかし、一つのトーナメントで優勝したからと言って、幸せな人生を送れる保証はない。成功がもたらした生活に心の準備が十分にできていなかった選手が、ある年の最優秀新人賞を獲得した結果、自分のゲームを見失い、結局そのレベルに戻ることができなかった例は数知れない。

女子プロ史上最高のプレーヤーの一人、キャシー・ウィットワースは、初優勝するまでに数年かかったことは、自分にとって幸運だったと述懐している。彼女は、敗北を受け止めることができるようになった結果、勝利の有り難みがよりよく味わえるようになったと感じたのだ。

大成功間違いなしと思って開発しても、市場がその新製品にまったく反応しない場合がある。また、飛行機に乗り遅れた縁で、空港で誰かと知り合い、その人間のコネが自分のビジネスに大いにプラスになるケースもある。人生はゴルフと同じで、予測不可能なことが起こるのである。

一九八六年にジャック・ニクラスが最後にマスターズ選手権で優勝したとき、12番ホールで打ったパットがスパイク・マークに当たってラインを外れ、ボギーを出した。しかし、一見不幸に思えたこの出来事は、ニクラスを奮い立たせた。彼は後半の9ホールで30を出して65のトータル・スコアで上がり、記録的な六度目のグリーン・ジャケットを着たのだった。だから、ことの本当の善し悪しは、その場では誰にもわからないのである。

PART 3

名誉を重んずるゲーム

シャンバラの伝統の下では、修行はどこまでも穏やかで誠実な人間になることを目指して行われる。修行を通して、そのためにはどのような心の旅をすべきか、そしてシャンバラの勇者はどうあるべきかが示される。勇者の道は揺るぎなく、人間の思考と行動のあらゆる面に浸透する。勇者であるということは、人は人生のあらゆる瞬間において誠実でなければならないということだ。勇者は決して諦めない。

——チョギャム・トゥルンパ師

自著『シャンバラ　勇者の聖なる道』より引用

チ・チ・ロドリゲスの祈り

「私はパットが沈んでほしいと祈ったことはない。ミス・パットしたときにうまく対応できますように、と祈ったことはあるが……」

——チ・チ・ロドリゲス（シニアPGAのベテラン選手）

私の古くからの友人のレッスン・プロがちょうど新しい町へ引っ越して、土地のゴルフコースで働き始めたときのことだ。たまたまその地方を訪れていた私は、彼のホームコースに近い別のコースで彼と一緒にラウンドした。スタートのとき、大勢の人々がティグラウンドの近くにいた。「緊張するね」と友人は言った。「なんで緊張する必要があるんだい」と私は尋ねた。「このあたりに、君以上のゴルファーはいないじゃないか」。

「しかし、ミスショットしたら、見ている人々は私のことをなんと思うだろうか」と彼が言った。「たぶん、私のレッスンは受けたくないと思うに違いない。つまり、私の生活がこのショットにかかっているわけだ。だから緊張するのさ」。

「それは必ずしも正しい考え方とは言えないと思うよ」と私は言った。「トッププレーヤーでもたまにはミスショットすることくらい、誰だって知っているよ。君がミスショットしたって、見ている人たちは気にしないさ。彼らが関心を持つのは、ミスショットした場合、君がどう振る舞うかという点だ。彼らは、PGAのプロ選手はミスショットに慌てず騒がず、きちんとした対応ができると思っている。つまり、彼らが求めているのは、ミスショットを出してもきちんと自己管理ができるコーチなのさ」

前に記したショットのあとのルーティンを徹底すれば、よい結果にも悪い結果にも理想的に対応できる。つまり、ミスショットしても、うろたえないで、冷静さを保つことができるのである。冷静さを保つということは、感情を押し殺すことではない。感情を無理に抑え込もうとすると、怒りや苛々は見えないところで蓄積され、ついには爆発する。思うようなショットが出なければ、ある程度の欲求不満を覚えるのは自然である。重要なことは、そのような感情をいったん甘んじて受け止め、次に速やかにそれを忘れるように努めることだ。そうすれば、ミスショットに煩わされることなく、次のショットに備えることができるのである。

そう考えるようにすれば、自分を罵ったり、嘆いたり、わめいたりしないで欲求不満に対応することが次第にできるようになっていく。ミスショットした後のぶざまな振る舞いは、他のプレーヤーに不快感を与える。しかし、こうした振る舞いは一つの習慣であり、変えようと思えば変えられるのだ。要は、ミスショットしたから自分は駄目な人間だ、などと短絡して考えたり不貞腐れたりしないようにすればいいのである。

プレーの前に、自分のふだんの癖をスコアカードに書き留めておくといい。たとえば、クラブを放り投げる、癇癪を起こす、急に不機嫌になる、などなど……。プレー中にこのような癖が出たら、そのたびにスコアカードにチェック・マークを記す。ただし、そのとき、自分は駄目な人間だなどとは決して思ってはいけない。そのような癖を治そうと真剣に考えていれば、効果は徐々に現れてくる。そうなると、あなた自身もあなたの仲間も、一緒のラウンドがもっと楽しくなること請け合いである。

〝シャンバラ・ゴルフ〟の本質

「自信は、人の態度に変化をもたらし、一見不可能なことを可能にする。もちろん、自信を持ったからと言って、万事がただちに可能になるというわけではない。しかし、自信を持って物事に当たれば、うまくいかなくても、生きていくことの意義がよりよく理解できるようになる。われわれには、あえて難しいことに立ち向かうだけの精神力がある……勇気を持つことを、シャンバラの勇者はこのように表現するのだ」

——チョギャム・トゥルンパ師
自著『シャンバラ　勇者の聖なる道』より引用

シャンバラは、アーサー王とキャメロットの伝説と同じように、啓発された社会のモデルとなった伝説上の王国で、チベットの奥地にあったと言われている。その国に住む人々は互いに親切で思いやりがあり、勇気と誠実さに溢れ、自信と気品に満ちていたと言われている。キャメロットでは、このような資質は〝騎士道〟を通して如実に示された。シャンバラの伝統では、それは〝勇者の道〟で示される。シャンバラの勇者の道が目指すものは、征服でも破壊でもない。シャンバラが唱導するのは、自分の尊厳を脅かす者に打ち勝つ勇気を持つこと、つまり何者も恐れず、あらゆる人々を優しく受け入れる度量を養うことである。

シャンバラの勇者になることを目指す者が行なうべき基本的な修行は、集中力と認識力を高める仏教の訓練に基づく。勇者の〝修行の原点〟は、座って行なう本格的な瞑想である。〝静〟的修行である瞑想を補うものが、集中力と認識力を養うための〝動〟的修行だ。つまり、シャンバラでは、これらの修行は禅の場合と同じように、生け花、習字、茶道、さらには剣道や弓道などの武道を通して行なわれるのである。

私の瞑想の指導者で熱心なゴルファーでもあるオーセル・テンジン師は、シャンバラに対するのと同じような観点でゴルフを見ることを、生徒たちに勧めていた。師にとって、ゴルフは洞察力と思いやりを養いながら、集中力と認識力を高める道なのである。

テンジン師は、〝シャンバラ・ゴルフ〟を実践するために必要な四つの原則を説いた。それは、より広い視点でゴルフをとらえ、コースに出たら自信を持って、これまでとは異なった体験を追求することを可能にすると同時に、適正な状況認識に基づいてプレーし、プレー中に心に去来するさまざまな感情に煩わされないために不可欠な要素だった。師の教えは、私自身が実践したいと願ってきたプレーの規範となったが、それは私がレッスン・ラウンドの途中でゴルフについて生徒や仲間たちに語ったり、あるいはゴルフというこのメンタル・ゲームへの取り組み方をコーチしたりする際の、もっとも重要な原点となったのである。

四つの原則とは

徳

徳とは、行動の中に現れる、人間の基本的な善性である。基本的な善性とは、人間に生来備わっている基本的な価値観のことだ。ゴルフのゲームでもっとも重要なことは、あくまでもプレーするという体験そのものであり、スコアとはまったく無関係である。プレーの結果は、究極的には重要だとか重要でないとかいうレベルで考えるべきことではない。肝心な点は、仲間と同じ世界に没入してお互いが心身共に一つになり、生き生きした瞬間を心から分から合えるということなのである。それこそ、無限の自信を見出す素地なのである。

自制

自制とは、適正な振る舞いを意味する。徳の力が働くお陰で、われわれは適正な振る舞いは狭量を克服する要因であると考える。われわれはゴルフというゲームの独特な形態と、このゲームを通して培われる他のプレーヤーとの人間的交流に、特別な結び付きを感じている。プレー中に起こる欲求不満は、自制心を養う実践的基盤となる。雅量、倫理観、忍耐心、努力、落ち着き、洞察力などを実践することによって、われわれは狭量や苛立ちを超越できる。だから、自制心はプレーをしている間に心に湧いてくる否定的な考えを排除する有効な防御手段であり、自信に満ち、高揚した姿勢を育む術なのである。

ユーモア

ユーモアとは、自惚れの不在を意味する。それは周りを明るくし、楽しいムードを醸し出す。ユーモアとは、誰かをだしにして楽しむ軽薄な発言でもなければ、下卑た冗談を言う才能のことでもない。ゴルフに必要なユーモアとは、親しい仲間とプレーすることを純粋に喜ぶ心のことである。ユーモアがあれば、われわれはゴルフに入れ込み過ぎて痛い目に遭ったり、結果にこだわり過ぎたりしないで済むし、自分自身を信じてリラックスしてプレーし、仲間も同じように振る舞えるような環境を醸成することができるのである。

友情

ゴルフをすることは、人間社会に積極的に携わり、人生の素晴らしさを味わうための素晴らしい一つの手段である。プレーを通して徳と自制心とユーモアに磨きをかける努力を重ねることによって、ボールを打ってカップに入れるだけのこの単純なゲームは、われわれ自身を信じ、他人に対して心を開くための踏み石になる。開かれた心は、真の友情の基盤であり、地球上に住む同胞やわれわれ自身が持つすべての特性を受容する。これは、広い心と思いやりのビジョンを世界中に広げるための基盤なのである。

勇者の威厳とは

禅を学ぶ若者が禅師に面会を乞い、こう尋ねた。

「先生、これからお尋ねすることには、もしかしたら大変長くて複雑なお答えを頂戴することになろうかと存じますが、あえて伺いたいのです。私の態度と振る舞いを常に完璧なものにするために、どこにいても自らを正しく律するための指針をお教え下さいませんか」。

師は答えた。「よろしい。だが、答えは至って簡単だ。あらゆる状況下で、五歳になる息子がお前を見ていると思って振る舞えばいい」。

ゴルフは、シャンバラの勇者なみの威厳を示す完璧な場である。ゴルフは、ルールブックがエチケットの章から始まる、おそらく唯一のスポーツだろう。ゴルファーはコースにおける身の律し方をまず覚えてから、その後でこのゲームのルールを習うのである。その他の主要なスポーツでは、ルール違反を犯したとき、プロ選手が自分からペナルティを宣言することはない。

また選手たちは、トーナメントで獲得する賞金に生活がかかっているにもかかわらず、常に競争相手である他の競技者を助け、アドバイスを与えている。例えば彼らは、試合中に互いのロストボール探しに協力する。ある年のマスターズ選手権の最終日に、リー・ジャンセンとグレッグ・ノーマンが最終組で回り、激しい優勝争いを展開していたが、ジャンセンはあるホールのグリーン奥の茂みで、ノーマンのボールを一生懸命探していた。

互いを尊敬し、名誉を敬う気持ちは、友情のもっとも深遠な発露である。自分の心に自信を持って安住することができるようになると、われわれはそれがまだできていない他人の存在に気付き、思いやりの精神が湧いてくる。無限の自信を感じるため、他人のためになろうとすることを恐れなくなるのである。

レイ・フロイドが語った言葉は、シャンバラの勇者の威厳を完璧に言い当てていると思う。あるとき彼は、どのようなゴルファーとして覚えていてほしいかと聞かれた。他のスポーツの場合（あるいは実業界でも政界でも同じことだが）、実力者たちはすべて、なんらかの点で史上最高の誰々とか、大記録の保持者である誰々といった肩書きで後世に覚えておいてほしいと願うのが常だ。しかし、自分自身も数々の記録を持つ偉大なチャンピオンであるフロイドは、こう言ったものである。

「父親が息子を生まれて初めてのラウンドに連れていく。そして、息子にこう告げるのだ。『いいか。コースに出たら、いつもジェントルマンとして振る舞うんだぞ……レイ・フロイドのように、な』。私は、そんなふうに覚えておいてもらいたいと思っている」

真の勇者としての資質

ゴルフはわれわれに、優しさと探求心と勇気を具現化しなければならないと思わせてくれる。優しさとは、われわれ自身を大切にすると同時に、他人に対しても思いやりの精神を持つことを示す。ゴルフでも人生でも、われわれは〝ジェントルマン〟や〝ジェントル・ウーマン〟として振る舞うことに、大きな喜びを感じることができる。

探求心は、限りなく広がり、生命感溢れる〝今〟という瞬間を包み込む、大きな心の中に芽生える。結果を苛立ちの原因ではなくて〝興味深いもの〟としてとらえるため、原因の解明に不可欠な洞察力が際限なく湧いてくる。しっかりした目的意識と、ショットの結果で自己評価を下したくなる衝動を排除した現状認識は、継続的な学習と成長に必要な環境をもたらしてくれる。

勇気とは、物事に臆病にならず、好奇心を抱くことだ。われわれの人間としての基本的な善性を信じて、われわれが直面するあらゆる状況下で無限の自信を表に出すことである。

優しさと探求心と勇気は、シャンバラの勇者の道が目指すもっとも基本的な資質である。シャンバラの勇者は、ゴルフばかりでなくその他すべての行動を通して、啓発された社会……つまり個人が自分自身に対しても他人に対しても、平和の精神と寛大さと思いやりを存分に発揮できる社会……の育成を究極的な目標として前進するのである。

拙著『禅ゴルフ』で、私はゴルフと人生に対する読者の姿勢を変え得るさまざまな方法について語ってきたつもりだ。拙著を通して、読者の自分自身に対する認識力が太陽の光のように輝き始め、目の前に横たわる無限の可能性を照らし出すようになってほしいと、切に願っている。そのような力が読者の基本的な善性を呼び起こし、自分自身にも、これから出会う多くの人々にも、限りない自信を抱かせてくれることを切に願うものである……ゴルフコースにおいても、人牛行路においても。

あとがきに代えて　著者、ペアレント博士に聞く

インタビュー・構成／訳者　塩谷　紘

アメリカの一流出版社ダブルデイから二〇〇二年五月に刊行されて以来、『禅ゴルフ』（原題“Zen Golf”）は、すでに発売部数一五万部を突破した米ゴルフ出版界のベストセラーである。メンタル・トレーニングについて書かれたゴルフ本はこれまでにもあったが、禅的アプローチの優れた効用を説いている点で画期的な著書である。

著者のジョセフ・ペアレント博士（一九五〇年生まれ）は、仏教哲学と心理学の関係の研究で一九八〇年に学位を得たアメリカの心理学者で、新しいタイプのメンタル・トレーナーとして内外のゴルフ界の注目を集めている。筆頭の愛弟子は、二〇〇三年、タイガー・ウッズが抱く五年連続ＰＧＡ賞金王の野望を打ち砕いたビジェイ・シン選手だが、チャールズ・ハウエル三世、ロン・ヒンクル、トミー・アーマー三世らＰＧＡの若手有望株も熱心な信奉者だ。また、スウィングのコーチとして世界的に著名なデビッド・レッドベター氏も同著を絶賛し、各国で運営するゴルフ・アカデミ

ーの教材の一部として採用している。

本拠地をカリフォルニア州サンタ・バーバラに置くペアレント博士は、シーズン開幕直後の多忙なスケジュールにもかかわらず温かく迎えてくれ、開口一番こう言った。「アメリカ人の私が書いた『禅ゴルフ』が、禅を育てた本家本元の日本で発刊されるのは、大変光栄なことですが、少し緊張しています。正直言って、読者の反応は気になります……」。

インタビューは、南カリフォルニアの澄みきった青空とまばゆい陽光の下で行なわれた。博士の示唆に富む発言をすべて紹介できないことが残念でならない。

※

――貴著はアメリカ以外の英語圏諸国でも注目を集めており、翻訳版はオランダ、韓国、台湾などですでに刊行され、その他いくつかの国では翻訳作業が進んでいると聞いているが……。

著者　本著は、アベレージ・ゴルファーからトッププロに至る、さまざまな能力レベルのゴルファーを長年指導することから得た経験を基にして書いた。だから読者は、随所で取り上げた問題を切実な個人的関心事として直ちに認識できるし、旧来の殻を破った思索的な対処法を、自分もちょっと試してみようかという気になれると思う。

私が勧めるメンタル・トレーニングは、肉体的に過酷な部分はないし、比較的短時間で手軽に実行でき、しかも結果は顕著に表れる。「お蔭様でゴルフがより楽しくなりました」と書いてくる読者は多い。また、本著で触れた「シャンバラの勇者の道」とは、耳慣れない言葉かもしれないが、チベットの密教伝説に由来する啓発された人間の生き方のことだ。

そうした姿勢はゴルフを愛する人々の精神生活の質をも高めるという点も、様々な国籍と年齢層の共感を呼ぶ、もう一つの理由ではないかと考えている。

――PGAの選手の間で、貴著は説得力あるレッスン書として好評のようだ。特にシン選手は、二〇〇二年にあなたの指導を受けることを決断してから大きく脱皮したと伝えられている。事実、彼はその後の二年間で七勝を挙げ、二〇〇三年には賞金王になっている。シン選手に何が起こったのか。

著者　二〇〇二年二月、『禅ゴルフ』の刊行に先立って、版元がビュイック・オープンに参戦中のシン選手に見本を送って意見を求めた。翌週私は、ニッサン・オープンの会場に足を運び、シン選手に読後感を聞いてみた。すると、「大変感銘を受けたので、コーチ役をお願いしたいのですが」と言われ、われわれの二人三脚はその日から始まった。

それまでの二年間、シン選手は勝利の女神に見放されていたが、インド系であることも手伝ってか、東洋思想に依拠した精神面のトレーニングを通して自信を取り戻し、ふたたびメジャー選手権で勝てるようになりたいと考えたようだった。彼は謙虚な人柄で、私の言うことを真摯に実践してくれた。その後の彼の好調振りは、ご存じのとおりだ。

――「禅」の教えに基づく指導の結果、シン選手はツアー・プレーヤーとして、そして人間として、どのような変貌を遂げたと見ているか。

著者　どんなゴルファーを指導する場合でも、私は深遠にともすれば難解な禅の道を説こうとしない。ゴルファーの精神面は「心頭滅却すれば、火もまた涼し」の心境に少しでも近付くことによって強化され、その結果、プレーの質は高まる、と私は思う。そのための一つの手段として、禅の修行にヒントを得て、誰もがどこでも気楽に取り組める深呼吸と瞑想に基づくメンタル・トレーニングを考案した。「シャンバラの勇者の道」は、ゴルフを人間性を磨く場ととらえ、このゲームを愛する者が人間としての自信と気品を身につける術として取り入れた。これらの要素を加味したゴルフを、私は「禅ゴルフ」と呼ぶ。

シン選手に見られる変貌は、彼が本来備えている人間的資質と、ゴルファーとしての優れた才能に対する自信が以前より深まったという点と、ラウンド中に味わわなければならないさまざまな感情に以前ほど影響されなくなり、自分のゲームにより前向きに対応できるようになった点だと思う。今の彼は、ショットに臨む場合も、その結果に立ち向かう場合も、以前に比べてはるかに前向きになったし、あらゆる面で自信とゆとりを持ってプレーしている。

――シン選手を始めとするPGAプレーヤーを対象とした精神面のトレーニングは、具体的にはどのような場で、どのようなやり方で行なうのか。また、アマチュアの場合はどうか？

著者　PGAプレーヤーの場合、大会直前の練習ラウンドが格好な場となるが、アマチュアの場合も、おおかた、日常のラウンド中のプレーを見ながら指導している。

私の身分は「PGAツアー・インストラクター」だが、プレーヤーの精神・心理面の指導が本業であり、スウィング・テクニックのコーチではない。しかし、プレーヤーの心理は必然的にスウィングのテンポやプレーのリズムに反映されるから、スウィングそのものについて助言することも多い。

心理学の専門家の立場でプレーを見ていれば、ゴルファーの心理状態は十分に分析できる。本番前の練習ラウンドを回るとき、選手の心理は幅広い局面に如実に反映される。シン選手の場合も、トーナメント毎に練習ラウンド中のプレーを観察し、主としてコース・マネジメントと感情や思考のコントロールの面で助言を重ねてきた。

だが覚えておいて頂きたいのは、彼は私の門を叩く前にすでに世界のトップ・レベルのプレーヤーで、練習熱心だったし、人間的にも優れていたという点だ。要するに、もともと優れたテクニックと猛練習に裏打ちされていた彼のゲームは、禅的なトレーニングがきっかけになって、よく磨かれた巨大なダイヤのようにみごとに輝き始めたのだと思う。

――メンタル・トレーニングの重要性は、ＰＧＡプレーヤーの間で最近特に認識されているようだ。たとえば、アニカ・ソレンスタム選手もヨーガの手法を取り入れることによって、精神面の強化に努めていると伝えられている。東洋の哲学や思想がゴルファーに対して持つ効用についてどうお考えか。

著者　『禅ゴルフ』がベストセラーになったからＰＧＡは禅ブームに違いない、と考える向きもあるようだが、これは少々短絡した見方だと思う。だが、最近になってツアー選手がゴルフをとみに心、技、体のバランスを要するスポーツとみなし、なかでも「心」の部分を特に重視し始めたことは確かだ。じつは私は、これも一つの「タイガー効果」だと見ている。

つまり、ハイテクの到来で、誰でもタイガーと同じクラブとボールが入手できる時代が到来したが、それだけではタイガーの独り勝ちを許してしまう。そこで、ライバルたちはタイガー並みの身体機能を持てば彼の驀進はなんとか阻めるだろうと考え、例えばデュバル選手のように懸命に体力作りに励み、練習に精を出してテクニックに磨きをかけるようになった。だが、それでもタイガーになかなか勝てそうもないことを認識したとき、彼らはもう一つ重要な要素の存在に気付いた。つまり、タイガーを凌駕するほど強靭な精神力だ。

ツアー選手はさまざまな手段で精神力の強化に取り組んでおり、「禅」的なアプローチはその一つに過ぎない。ソレンスタムは、二〇〇三年、女子ゴルファーとして58年ぶりにPGAのトーナメント（コロニアル選手権）に出場して話題をまいた選手だが、よりたくましい精神力を養うためにヨーガをやっているようだ。私の勧める精神力の鍛錬法は、臍下《せいか》丹田《たんでん》を意識した座禅の深呼吸と瞑想が土台であるという点で、まさしく伴的なトレーニング法だ。面白いと言ってくれるコーチやゴルファーが後を絶たないということは、精神面の強化の手段についてこれまでよりはるかに柔軟に考える人々が、プロ、アマチュアを問わず確実に増えているということの証拠なのだろうと思う。

ゴルフへの取り組み方には個人差があって当然だ。私自身は、旧来の発想を少しばかり転換して（つまり、〝箱の外に出て〟）「禅ゴルフ」を心がけるようにすれば、もともと楽しいゲームであるはずのゴルフは、すべてのゴルファーにとってさらに楽しくなると固く信じている。

二〇〇四年四月三〇日

文庫版訳者あとがき

塩谷　紘

『禅ゴルフ』の文庫版を刊行したいので訳者の承諾がほしいとの連絡を筑摩書房から受けて、二つ返事で快諾したが、少なからず面喰らった。三年ほど前、版元から絶版の知らせを受けていたからだ。

『禅ゴルフ』（二〇〇四年、ベースボール・マガジン社刊）は、アメリカのベストセラー"ZEN GOLF"の日本語版で、発刊以来順調に版を重ねていた。だが、二〇〇七年秋の第六刷重版以来、版元からの連絡はぷっつりと途絶え、二〇〇九年のある日、〝遺憾ながら絶版にせざるを得なくなった〟旨、知らされたのだった。〝執筆者の意向〟がその理由だということで、詳しい説明はなかった。

原著を自ら〝発掘〟し、インタビューやラウンド、さらにはおびただしい数のメールの交換を通して筆者と親交を深めた経緯もあって、この訳書には少なからぬ思い入れがあった。"ZEN GOLF"は、二〇〇三年、出張先のマンハッタンの大型書店、バーンズ・アンド・ノーブル店内でコーヒーをすすりながら読んだ数冊のゴルフのレッスン本のなかの一冊だった。ショット・メーキングのテクニックの解説書が圧倒的に多いなかで、スコア・メーキングにおける精神面の充実、つまりメンタルトレーニングの重要性を説いた稀有の好著だと思った。

帰国後、付き合いのある出版社に勧めると、ベテラン編集者で旧知の宮原博文氏は速やかに対応してくれた。ちなみに氏は、その後あいにく体調を崩し、目下リハビリに取り組んでおられる。順調な回復をこの場をお借りして心より祈念させていただきたい。

原著は、東洋思想に造詣の深いアメリカ人心理学者、ジョセフ・ペアレント博士（現在六十二歳）が、禅にヒントを得ていながら抹香臭くない平明な解説を施した〝メンタル・トレ〟虎の巻だ。日本のあらゆるレベルのゴルファー必携の書となる資格は十分にある。

『禅ゴルフ』絶版の知らせを受けたとき、これほどの好著が日本の書店の店頭から消えてしまうことが遺憾だった。ご承知のとおり、ゴルフはプレーする者の心理状態が結果を著しく左右する、一筋縄ではいかない〝メンタル ゲーム〟だ。どんなに一生懸命にショットの練習をしても、プレー中の自分をコントロールする〝心〟の鍛錬を抜きにしては、スコアはなかなか良くならない。プレーで直面する様々な状況に、理詰めかつ沈着に対応する心の育み方のヒントを網羅した『禅ゴルフ』の絶版は、日本のゴルファー諸氏にとっていかにも残念だ、との思いがことさら強かった。

ちなみに、日本語版は他の外国語版（現在、英語、韓国語、中国語、イタリア語、ドイツ語を含む九カ国語版がある）同様に好評だった。だから、訳者としてはついつい〝恨み節〟の一つも唸りたくなったのである。

だが世の中、〝捨てる神〟があれば、〝拾う神〟もいるものだ。『禅ゴルフ』は、幸い、ちくま文庫の、自らゴルフをこよなく愛する編集者、羽田雅美氏の目に留まり、単行本より一回り小さい姿で生まれ変わる運びとなった。これも、何かの縁だろう。まさしく、「人間万事『塞翁が馬』」（PART2最終項）の証と言えよう。

ペアレント博士は、若いころから禅に魅かれ、コロラド大学大学院における長年の仏教と心理学の研究を経て、ショットの練習と同様に、あらゆるレベルのゴルファーにとって必要な心の鍛錬法を、禅的思考法をヒントに編み出すことによって、現代の一流メンタル・トレーナーの地位を確立した。博士は、USPGAが太鼓判を押す指導者として、世界のゴルファーに深い影響を与えている。

ちなみに、博士自身、ゴルフの腕前はプロはだしである。ロサンゼルスのリビエラ・カントリークラブで初めて一緒にラウンドしたとき、あの難コースをあっさり70台で回ったが、泰然自若としてプレーするその姿は印象的だった。

博士はまた、PGAツアーの代表的ゴルファー、ビジェイ・シンのコーチとしても広く知られている。シン選手は、練習に取り組む真摯な姿勢と沈着なプレーで人気のある、フィジー島出身のインド系ゴルファーだ。

二〇〇〇年にマスターズ・トーナメントで優勝したあと深刻なスランプに陥り、二〇〇二年初頭、博士に師事。留守宅に版元から送られてきた"ZEN GOLF"の刷り見本に目を通したアーデナ夫人の勧めで入門を決意したのだった。そして同年三月、「シェル・ヒューストン・オープン」（テキサス州ハンブル、レッドストーン・ゴルフ・クラブ）で、22アンダー、六打差のロー・スコアで圧勝、二年ぶりにツアー優勝を遂げた。一〇〇四年には、飛ぶ鳥を落とす勢いのタイガー・ウッズを退けて世界ゴルフ・ランキング一位の座についている。ちなみに博士は、PGAとLPGA（クリスティー・カー選手、二〇一〇年）の双方でランキング一位の座に上り詰めた選手のメンタル・コーチを務めた、現時点で唯一のインストラクターである。

二〇〇七年のニッサン・オープン（リビエラCC）で博士に紹介されたとき、シン選手は、"ZEN GOLF"をキャディー・バッグから取り出して、〝私のバイブルです〟

なかった。

と言った。表紙の角がすり減っていた。おそらく何百回も繰り返し読んできたに違い

読者各位にとっても、『禅ゴルフ』が座右の書となるよう、博士の唱導するメンタル・トレーニングの信奉者の一人として切に願うものである。くどいようだが、ゴルフはメンタル・ゲームである。だから、ショットの練習に励む傍ら、日常生活の寸暇を利用して、呼吸法を含む〝禅的メンタル面強化〟のためのエクササイズを定期的に実践して頂きたい。ペアレント博士が勧めるトレーニングは、実は数分間で済むし、過度な肉体的な負担はかからない。そうしているうちに、博士の教えが実は、読者の精神生活の充実にも寄与するものであることを実感されるはずである。

博士の説くナイス・プレーのための三つの基本的要素――「準備、行動、結果への対応」（PART2「〝PAR〟式戦略とは」）――を念頭にゴルフに取り組み、あらゆる状況下で決して慌てず、焦らず、自然体で、実力通りのプレーができるようになることを目指して、これからもゴルフを楽しんで頂きたいと願っている。

二〇一二年八月二〇日

塩谷　紘

索引

(シャンバラ・エクササイズの数々)
(数字は、各章で当該のエクササイズが始まるページを示す)

本書は二〇〇四年五月、ベースボール・マガジン社より刊行された。

新版 思考の整理学　外山滋比古

「東大・京大で1番読まれた本」で知られる〈知のバイブル〉の増補改訂版。２００９年の東京大学での講義を新収録し読みやすい活字になりました。

質問力　齋藤孝

コミュニケーション上達の秘訣は質問力にあり！これさえ磨けば、初対面の人からも深い話が引き出せる。話題の本の、待望の文庫化。（斎藤兆史）

整体入門　野口晴哉

日本の東洋医学を代表する著者による初心者向け野口整体のポイント。体の偏りを正す基本の「活元運動」から目的別の運動まで。（伊藤桂一）

命売ります　三島由紀夫

自殺に失敗し、「命売ります。お好きな目的にお使い下さい」という突飛な広告を出した男のもとに、現われたのは？（種村季弘）

こちらあみ子　今村夏子

あみ子の純粋な行動が周囲の人々を否応なく変えていく。第26回太宰治賞、第24回三島由紀夫賞受賞作。書き下ろし「チズさん」収録。（町田康／穂村弘）

ベルリンは晴れているか　深緑野分

終戦直後のベルリンで恩人の不審死を知ったアウグステは彼の甥に訃報を届けに陽気な泥棒と旅立つ。歴史ミステリの傑作が遂に文庫化！（酒寄進一）

向田邦子ベスト・エッセイ　向田邦子　向田和子編

いまも人々に読み継がれている向田邦子。その随筆の中から、家族、食、生き物、こだわりの品、旅、仕事、私……、といったテーマで選ぶ。（角田光代）

倚りかからず　茨木のり子

もはや／いかなる権威にも倚りかかりたくはない……話題の単行本に3篇の詩を加え、高瀬省三氏の絵を添えて贈る決定版詩集。（山根基世）

るきさん　高野文子

のんびりしていてマイペース、だけどどっかヘンテコな、るきさんの日常生活って？ 独特な色使いが光るオールカラー。ポケットに一冊どうぞ。

劇画 ヒットラー　水木しげる

ドイツ民衆を熱狂させた独裁者アドルフ・ヒットラーとはどんな人間だったのか。ヒットラー誕生からその死まで、骨太な筆致で描く伝記漫画。

ねにもつタイプ　岸本佐知子

何となく気になることにこだわる、ねにもつ。思索、奇想、妄想はばたく脳内ワールドをリズミカルな名短文でつづる。第23回講談社エッセイ賞受賞。

TOKYO STYLE　都築響一

小さい部屋が、わが宇宙。ごちゃごちゃと、しかし快適に暮らす、僕らの本当のトウキョウ・スタイルはこんなものだ！　話題の写真集文庫化！

自分の仕事をつくる　西村佳哲

仕事をすることは会社に勤めること、ではない。仕事を「自分の仕事」にできた人たちに学ぶ、働き方のデザインの仕方とは。（稲本喜則）

世界がわかる宗教社会学入門　橋爪大三郎

宗教なんてうさんくさい!?　でも宗教は文化や価値観の骨格であり、それゆえ紛争のタネにもなる。世界宗教のエッセンスがわかる充実の入門書。

ハーメルンの笛吹き男　阿部謹也

「笛吹き男」伝説の裏に隠された謎はなにか？　十三世紀ヨーロッパの小さな村で起きた事件を手がかりに中世における「差別」を解明。（石牟礼道子）

増補 日本語が亡びるとき　水村美苗

明治以来豊かな近代文学を生み出してきた日本語が、いま、大きな岐路に立っている。我々にとって言語とは何なのか。第8回小林秀雄賞受賞作に大幅増補。

子は親を救うために「心の病」になる　高橋和巳

子は親が好きだからこそ「心の病」になり、親を救おうとしている。精神科医である著者が説く、親子という「生きづらさ」の原点とその解決法。

クマにあったらどうするか　姉崎等　片山龍峯

「クマは師匠」と語り遺した狩人が、アイヌ民族の知恵と自身の経験から導き出した超実践クマ対処法。クマと人間の共存する形が見えてくる。（遠藤ケイ）

脳はなぜ「心」を作ったのか　前野隆司

「意識」とは何か。どこまでが「私」なのか。死んだら「心」はどうなるのか。――「意識」と「心」の謎に挑んだ話題の本の文庫化。（夢枕獏）

しかもフタが無い　ヨシタケシンスケ

「絵本の種」となるアイデアスケッチがそのまま本に。くすっと笑えて、なぜかほっとするイラスト集です。ヨシタケさんの「頭の中」に読者をご招待!

旅の理不尽 宮田珠己

旅好きタマキングが、サラリーマン時代に休暇を使い果たして旅したアジア各地の脱力系体験記。鮮烈なデビュー作、待望の復刊!（蔵前仁一）

ふしぎ地名巡り 今尾恵介

古代・中世に誕生したものもある地名は「無形文化財」的でありながら、「日用品」でもある。異なる性格を同時に併せもつ独特な世界を紹介する。

はじめての暗渠散歩 本田創／髙山英男／吉村生／三土たつお

失われた川の痕跡を探して散歩すれば別の風景が現れる。橋の跡、コンクリ蓋、銭湯や豆腐店等水に関わる店。ロマン溢れる町歩き。帯文＝泉麻人

鉄道エッセイコレクション 芦原伸編

本を携えて鉄道旅に出よう! 文豪、車掌、音楽家——、生粋の鉄道好き20人が愛を込めて書いた「鉄分100%」のエッセイ／短篇アンソロジー。

発声と身体のレッスン 鴻上尚史

あなた自身の「こえ」と「からだ」を自覚し、魅力的に向上させるための必要最低限のレッスンの数々。続ければ驚くべき変化が!（安田登）

B級グルメで世界一周 東海林さだお

読んで楽しむ世界の名物料理。キムチの辛さにうなり、小籠包の謎に挑み、チーズフォンデュを見直し、どこかで一滴の醤油味に焦がれる。（久住昌之）

中央線がなかったら 見えてくる東京の古層 陣内秀信／三浦展編著

中央線がもしなかったら? 中野、高円寺、阿佐ヶ谷、国分寺……地形、水、古道、神社等に注目すれば東京の古代・中世が見えてくる! 対談を増補。

決定版 天ぷらにソースをかけますか? 野瀬泰申

食の常識をくつがえす、衝撃の一冊。天ぷらにソースをかけないのは、納豆に砂糖を入れないのは——あなただけかもしれない。（小宮山雄飛）

増補 頭脳勝負 渡辺明

棋士は対局中何を考え、休日は何をしている? 将棋の面白さ、プロ棋士としての生活、いま明かされるトップ棋士の頭の中!（大崎善生）

世界はフムフムで満ちている 金井真紀

街に出て、会って、話した! 海女、石工、コンビニ店長……。仕事の達人のノビノビ生きるコツを拾い集めた。楽しいイラスト満載。（金野典彦）

ちくま文庫

禅《ぜん》ゴルフ
――メンタル・ゲームをマスターする法《ほう》

二〇一二年九月十日　第一刷発行
二〇二五年七月十日　第四刷発行

著者　Dr.ジョセフ・ペアレント
訳者　塩谷　紘（しおや・こう）
発行者　増田健史
発行所　株式会社　筑摩書房
東京都台東区蔵前二―五―三　〒一一一―八七五五
電話番号　〇三―五六八七―二六〇一（代表）
装幀者　安野光雅
印刷所　星野精版印刷株式会社
製本所　株式会社積信堂

ISBN978-4-480-42991-9 C0175